Springer-Lehrbuch

Ralf Peters

Internet-Ökonomie

 Springer

Prof. Dr. Ralf Peters
Martin-Luther-Universität Halle-Wittenberg
Juristische und Wirtschaftswissenschaftliche Fakultät
Universitätsring 3
06099 Halle
Deutschland
ralf.peters@wiwi.uni-halle.de

ISSN 0937-7433
ISBN 978-3-642-10651-4   e-ISBN 978-3-642-10652-1
DOI 10.1007/978-3-642-10652-1
Springer Heidelberg Dordrecht London New York

Die Deutsche Nationalbibliothek verzeichnet diese Publikation in der Deutschen Nationalbibliografie; detaillierte bibliografische Daten sind im Internet über http://dnb.d-nb.de abrufbar.

© Springer-Verlag Berlin Heidelberg 2010
Dieses Werk ist urheberrechtlich geschützt. Die dadurch begründeten Rechte, insbesondere die der Übersetzung, des Nachdrucks, des Vortrags, der Entnahme von Abbildungen und Tabellen, der Funksendung, der Mikroverfilmung oder der Vervielfältigung auf anderen Wegen und der Speicherung in Datenverarbeitungsanlagen, bleiben, auch bei nur auszugsweiser Verwertung, vorbehalten. Eine Vervielfältigung dieses Werkes oder von Teilen dieses Werkes ist auch im Einzelfall nur in den Grenzen der gesetzlichen Bestimmungen des Urheberrechtsgesetzes der Bundesrepublik Deutschland vom 9. September 1965 in der jeweils geltenden Fassung zulässig. Sie ist grundsätzlich vergütungspflichtig. Zuwiderhandlungen unterliegen den Strafbestimmungen des Urheberrechtsgesetzes.
Die Wiedergabe von Gebrauchsnamen, Handelsnamen, Warenbezeichnungen usw. in diesem Werk berechtigt auch ohne besondere Kennzeichnung nicht zu der Annahme, dass solche Namen im Sinne der Warenzeichen- und Markenschutz-Gesetzgebung als frei zu betrachten wären und daher von jedermann benutzt werden dürften.

Einbandentwurf: WMXDesign GmbH, Heidelberg

Gedruckt auf säurefreiem Papier

Springer ist Teil der Fachverlagsgruppe Springer Science+Business Media (www.springer.com)

Inhaltsverzeichnis

Ökonomie und Internet IX

1. **Digitale Güter** 1
   - 1.1 Grundlegende Eigenschaften 3
   - 1.2 Software on Demand 7
     - 1.2.1 Grundkonzepte und Architekturen 8
     - 1.2.2 Chancen und Risiken 10
   - 1.3 Kostenstruktur und Monopolbildung 12
     - 1.3.1 Vollständige Konkurrenz 12
     - 1.3.2 Kostenstruktur und Anbieterzahl 14
     - 1.3.3 Natürliche Monopole 15
     - 1.3.4 Diskussion 16
   - 1.4 Verschleißfreiheit und Monopolgewinn 17
     - 1.4.1 Digitale Dienstleistung 17
     - 1.4.2 Digitale Ware 18
     - 1.4.3 Coase Conjecture 20
     - 1.4.4 Praxisaspekte 21
   - 1.5 Kopierbarkeit und digitale Nutzungsrechte 23
     - 1.5.1 Digitalisierung in der Musikindustrie 23
     - 1.5.2 Digital Rights Management 25
     - 1.5.3 Apple iTunes und FairPlay 26
     - 1.5.4 Kopierbarkeit als Mehrwert 28
     - 1.5.5 Entwicklungsperspektiven 29
   - 1.6 Übungsaufgaben 32

2. **Netzwerkgüter** 35
   - 2.1 Anwendungen und Architekturen 36
     - 2.1.1 Grundlegende Architekturtypen 36
     - 2.1.2 Architekturtyp und Produktform 38
   - 2.2 Netzwert und Zahlungsbereitschaft 39
     - 2.2.1 Anwendungstypen 40
     - 2.2.2 Wachstumsdynamik 41
     - 2.2.3 Entwicklungsphasen des Internet 43

Inhaltsverzeichnis

2.3 Markteinführung eines Netzwerkgutes 43
    2.3.1 Wachstumspfad 43
    2.3.2 Preisstrategie 44
    2.3.3 Kopierbarkeit von Netzwerkgütern 45
2.4 Wettbewerb zwischen Netzwerken 46
    2.4.1 Basismodell und Monopolbildung 46
    2.4.2 Stabilität und Markteintrittsbarriere 48
    2.4.3 Installed Base und First Mover Advantage 50
    2.4.4 Wechselkosten und Lock-In Effekt 50
    2.4.5 Standardisierung und Kompatibilität 52
2.5 Free Riding im Internet 54
    2.5.1 Problem der Allmende 54
    2.5.2 Internalisierung und Ausschluss 56
2.6 Übungsaufgaben 60

3. **Anonymität, Preisdifferenzierung und Konsumentenrente** **63**
    3.1 Perfekte Preisdifferenzierung 64
        3.1.1 Anonymität und Konsumentenrente 65
        3.1.2 Relevanz im Internet 66
    3.2 Selbstselektion 68
        3.2.1 Two-Part Tariff 70
        3.2.2 Feste Bündel 72
    3.3 Segmentierung 74
    3.4 Anonymität und Datenschutz 76
        3.4.1 Recht auf informationelle Selbstbestimmung 76
        3.4.2 Technische Datenschutzkonzepte 77
    3.5 Übungsaufgaben 79

4. **Suchen und Finden** **81**
    4.1 Ökonomie des Suchens 81
        4.1.1 Sequentielles Suchmodell 82
        4.1.2 Statische Suchstrategie 83
        4.1.3 Optimal Stopping Rule 84
    4.2 Gestaltung der Suchprozesse 86
        4.2.1 Information Overflow 87
        4.2.2 Lösungskonzepte 88
        4.2.3 Suchdienste im Internet 90
    4.3 Suchmaschinen 91
        4.3.1 Basisarchitektur 92
        4.3.2 Robot System 92
        4.3.3 Information Retrieval System 93
        4.3.4 Query Processor 94
        4.3.5 Ranking 95
        4.3.6 Optimierung und Spamming 98
    4.4 Webkataloge 100

4.5 Meta-Suchmaschinen 101
4.6 Übungsaufgaben 103

5. Markttransparenz und Wettbewerb 105
5.1 Transparenz und Preiskampf 105
    5.1.1 Bertrand Wettbewerb 106
    5.1.2 Praxisrelevanz für das Internet 107
    5.1.3 Wettbewerbsstrategien 109
5.2 Preisabsprachen im Internet 110
    5.2.1 Einmalige Preisabsprachen 111
    5.2.2 Wiederholte Preisabsprachen 113
    5.2.3 Möglichkeiten im Internet 114
5.3 Produktdifferenzierung 115
    5.3.1 Horizontale Differenzierung 116
    5.3.2 Mass Customization 120
    5.3.3 The Long Tail 122
5.4 Übungsaufgaben 125

6. Auktionen 127
6.1 Einfache Auktionen 128
6.2 Klassische Auktionsformen 130
    6.2.1 Englische Auktion 131
    6.2.2 Vickrey Auktion 133
    6.2.3 Holländische Auktion 134
    6.2.4 Verdeckte Erstpreisauktion 135
6.3 Optimale Auktionen 135
    6.3.1 Benchmark Model 135
    6.3.2 Revenue Equivalence Theorem 137
6.4 Manipulation von Auktionen 139
    6.4.1 Bieterkartell 139
    6.4.2 Informationshandel 142
    6.4.3 Phantomgebote 143
    6.4.4 Manipulationsstabilität 144
6.5 Erweiterte Auktionsformen 145
    6.5.1 Mehrfache Transaktionen 146
    6.5.2 Kontraktoptimierung 147
    6.5.3 Polypolistische Verhandlungen 149
    6.5.4 Vergleich der Auktionsformen 153
6.6 Bietagenten 154
    6.6.1 Einfache Bietagenten 154
    6.6.2 Bietgruppen-Agenten 155
    6.6.3 Multidimensionale Bietagenten 156
    6.6.4 Entwicklungsperspektiven 158
6.7 Übungsaufgaben 161

7. **Vertrauen und Reputation** 163
    7.1   Vertrauensproblem im E-Commerce 164
    7.2   Duale Funktion von Reputationssystemen 165
    7.3   Anwendungsformen 167
    7.4   Ökonomische Aspekte 171
    7.5   Probleme und Lösungsansätze 172
        7.5.1   Fehlende Bewertungen 172
        7.5.2   Verhaltensänderungen 173
        7.5.3   Verfälschte Bewertungen 174
        7.5.4   Identitätsmissbrauch 174
        7.5.5   Diskussion 175
    7.6   Übungsaufgaben 177

Literaturverzeichnis 179

Sachregister 183

Ökonomie und Internet

Das Internet als Eckpfeiler der modernen Informationsgesellschaft hat viele ökonomische Rahmenbedingungen grundlegend verändert und sowohl neue Chancen als auch Risiken für alle beteiligten Akteure geschaffen. Ähnlich der Erfindung der Dampfmaschine und der sich daran anschließenden Industrialisierung im 18. Jahrhundert steht eine technologische Innovation am Beginn dieser Entwicklung.

Die ersten Arbeiten zum Internet fanden Anfang der sechziger Jahre statt und mündeten in das Arpanet, ein von der Advanced Research Project Agency (ARPA) des US-Verteidigungsministeriums gefördertes Projekt. Ziel war die Entwicklung einer Technologie, mit der heterogene Computernetze zu einem Verbund, dem späteren Internet, integriert werden konnten. Dieses Arpanet verband im Jahre 1969 erstmals vier Computer mit Standorten an verschiedenen US-amerikanischen Universitäten. Seitdem fand ein exponentielles Wachstum statt. So waren im Jahr 1984 über 1.000, 1992 über 1 Mio. und 2008 bereits über 500 Mio. Rechner über das Internet miteinander verbunden (ISC 2009). Mit zahlreichen neuen Anwendungen und Endgeräten wird diese Zahl auch in Zukunft weiter steigen.

Dieses Internet aus Computern und Nutzern ist ein dynamischer Wachstumsmarkt, in dem aus innovativen Geschäftsideen in kurzer Zeit große Unternehmen entstehen können. Gegen Ende der neunziger Jahre wurde in diesem Zusammenhang häufig von einer so genannten New Economy gesprochen, in der die klassische Ökonomie außer Kraft gesetzt und jede Unternehmensgründung mit Bezug zum Internet erfolgversprechend erschien. Viele substanzlose Geschäftsideen fanden jedoch mit dem Platzen der *Dotcom-Blase* ihr jähes Ende. Andere Unternehmen wie Amazon, eBay und Google sind heute

Marktführer. Geblieben ist die Einsicht, dass nachhaltig erfolgreiches Wirtschaften auch im Internet fundierter ökonomischer Kenntnisse bedarf.

Die Internet-Ökonomie untersucht, welche wirtschaftlichen Implikationen sich aus dem Einsatz internetzentrierter Technologien ergeben. In diesem Buch werden dazu sowohl bekannte, klassische ökonomische Modelle auf das Internet angewendet als auch neue Modelle vorgestellt. Aus den besonderen Rahmenbedingungen der Internet-Ökonomie ergeben sich dabei interessante, neue Strategien und Handlungsempfehlungen für die beteiligten Akteure. Die Ergebnisse werden anhand vieler praktischer Beispiele diskutiert.

Das Buch richtet sich an Studenten, Wissenschaftler und Entscheider, die die Internet-Ökonomie verstehen und gestalten wollen. Es ist in sieben Themenbereiche untergliedert, die inhaltlich aufeinander aufbauen. Die Lektüre folgt daher am besten diesem Aufbau, zumal zur besseren Lesbarkeit auf Querverweise innerhalb des Buches weitgehend verzichtet wurde. Am Ende jedes Kapitels finden sich zahlreiche Übungsaufgaben, mit denen die Inhalte vertieft werden können.

1. Digitale Güter

Das Internet ermöglicht einen nahezu kosten- und verzögerungslosen Informationsaustausch, an dem nach Schätzungen mittlerweile weltweit über eine Milliarde Nutzer teilnehmen. Aus ökonomischer Perspektive handelt es sich bei den ausgetauschten Informationen um *digitale Güter*, also Informationsgüter in rein immaterieller Form. Derartige Waren und Dienstleistungen haben sich in vielen Bereichen etabliert. Hierzu zählen

Digitalisierung

- Online-Nachrichtenmagazine,
- Werbung per E-Mail,
- Digitale Tickets und Reservierungen,
- Überweisungen im Rahmen von Onlinebanking sowie
- Steuererklärungen per Internet.

Bei den genannten Beispielen handelt es sich um Güter, zu denen jeweils ein klassisches, physisches Pendant existiert. Viele digitale Güter basieren auf internetzentrierten Technologien und sind aus der Digitalisierung eines physischen Gutes hervorgegangen. Diese Digitalisierung physischer Güter findet sowohl bei Waren als auch bei Dienstleistungen statt. In Abbildung 1.1 sind einige Beispiele dazu dargestellt.

Eine klassische Abgrenzung zwischen Waren und Dienstleistungen bildet das *Uno-Actu-Prinzip*, das Dienstleistungen anhand der Simultanität von Produktion und Konsumption charakterisiert. Dienstleistungen sind im Gegensatz zu Waren nicht lagerfähig und erfordern zumeist, dass sich Kunde und Dienstleister an einem Ort treffen. Das Uno-Actu-Prinzip lässt

Uno-Actu-Prinzip

1. Digitale Güter

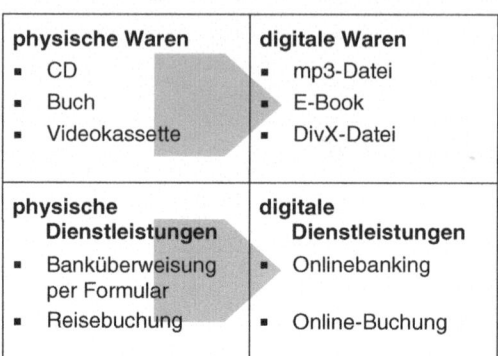

Abbildung 1.1: Digitalisierung von Waren und Dienstleistungen

sich auf digitale Güter übertragen, wobei sich jedoch einige Besonderheiten ergeben.

Besonderheiten *Digitale Waren* sind vordefinierte Informationseinheiten, in deren Mittelpunkt die Übertragung von Daten sowie der Eigentums- und Nutzungsrechte daran steht. Hierzu zählen digitale Musikdateien im mp3-Format. Im Rahmen einer *digitalen Dienstleistung* wird demgegenüber eine vom Nutzer vorgegebene Information verarbeitet. Dies ist bei Transaktionen per Onlinebanking der Fall. Da die Datenkommunikation über das Internet erfolgen kann, löst sich die räumliche Bindung des Uno-Actu-Prinzips und es besteht im Gegensatz zu physischen Dienstleistungen die Möglichkeit einer weitgehenden Globalisierung.

Die Abgrenzung von digitalen Waren und Dienstleistungen ist in der Praxis zudem oft nur unscharf möglich, da viele digitale Waren eine digitale Dienstleistung beinhalten. Beim Online-Kauf einer Musikdatei wird die digitale Ware beispielsweise zum Schutz vor dem Raubkopieren um kundenindividuelle Informationen und damit um eine Dienstleistung ergänzt.

Motivation Der Markterfolg digitaler Güter setzt einen Mehrwert für Anbieter und Nachfrager voraus. Für den Anbieter bietet die Digitalisierung oft eine Möglichkeit zu Kosteneinsparungen, unter anderem durch die kostengünstige Vervielfältigung digitaler Güter und deren Distribution über das Internet. Im Online-Vertrieb von digitalen Büchern (E-Books) entfallen beispielsweise sowohl die Druckkosten als auch die Vertriebskosten des Einzelhandels.

Für die Nachfrager kann die Attraktivität eines digitalen Gutes darin bestehen, dass der Anbieter die Kosteneinsparungen zumindest teilweise als Preissenkungen weitergibt. Darüber hinaus kann ein Mehrwert geschaffen werden, indem das Leistungsspektrum des klassischen Produktes erweitert wird. So bieten digitale Bücher als neue Funktionalität die Möglichkeit zur Volltextsuche.

1.1. Grundlegende Eigenschaften

Digitale Güter zeichnen sich gegenüber physischen Gütern durch spezielle ökonomische Eigenschaften aus. Hierzu zählen verschiedene Aspekte der

- Produktion,
- Logistik,
- Änderbarkeit,
- Reproduzierbarkeit und
- Verschleißfreiheit.

Die grundlegenden Eigenschaften digitaler Waren und Dienstleistungen werden hier zunächst im Überblick vorgestellt und dann in den späteren Abschnitten wieder aufgegriffen und vertieft.

Bei der Produktion digitaler Güter entfällt zumeist ein großer Teil der Kosten auf deren Entwicklung. Die Herstellung der einzelnen Produkteinheiten erfordert demgegenüber nur geringe Kosten. Bei digitalen Waren erfolgt dies durch eine nahezu kostenfreie Vervielfältigung der betreffenden Daten, die zudem keine Kapazitätsrestriktionen aufweist. Die Fixkosten werden hier auch als Kosten der ersten Kopie (engl. *First Copy Costs*) bezeichnet. Digitale Dienstleistungen benötigen zur Leistungserbringung demgegenüber Ressourcen in Form von Rechnerkapazitäten und Speicher. Der Ressourcenverbrauch impliziert sowohl Kosten als auch Kapazitätsrestriktionen. Diese Kosten sind jedoch aufgrund der Automatisierung gegenüber vergleichbaren physischen Dienstleistungen zumeist gering.

Produktion

1. Digitale Güter

Die Kostenstruktur aus hohen Fixkosten und vergleichsweise geringen variablen Kosten kann erhebliche Auswirkungen auf den Marktwettbewerb haben. Der hohe Fixkostenanteil bewirkt, dass die Anbieter schon bei geringen, nicht kostendeckenden Preisen positive Deckungsbeiträge erwirtschaften. In einer Konkurrenzsituation droht damit oft ein ruinöser Wettbewerb. Falls zudem keine Kapazitätsrestriktionen bestehen, kann jeder Anbieter anhand eines Preisdumping den Markt mit seinem Produkt überschwemmen.

Logistik Digitale Waren zeichnen sich dadurch aus, dass sie als reine Informationsgüter keine Lagerkosten im engeren Sinne verursachen. Tatsächlich sind die Informationen jedoch immer an ein physisches Speichermedium gebunden, das Kosten verursacht. Im Gegensatz zu physischen Waren ist dieser Speicherbedarf jedoch unabhängig von der Anzahl der Produkteinheiten, da keine Kopien auf Lager gefertigt werden.

Der Transport digitaler Güter kann über das Internet zu marginalen Kosten erfolgen. Für digitale Waren ergeben sich damit gegenüber einem physischen Pendant zusätzliche Globalisierungsmöglichkeiten. Für digitale Dienstleistungen kommt hinzu, dass die Kommunikation per Internet bidirektional und nahezu verzögerungsfrei möglich ist. So lässt sich die nach dem Uno-Actu-Prinzip charakteristische Simultanität von Produktion und Konsumption auch über große Distanzen herstellen. Diesen Globalisierungsmöglichkeiten stehen in der Praxis unter anderem Sprachbarrieren gegenüber.

Änderbarkeit Digitale Güter lassen sich mit vergleichsweise geringem Aufwand modifizieren. Dies gilt beispielsweise für den Fall, dass ein Produktfehler nachträglich zu beheben ist. Bei physischen Waren erfordert dies oft den Rückruf der Produkte und eine Umstellung der Produktionsanlagen. Bei digitalen Waren müssen demgegenüber nur Softwarefehler behoben und die bereits belieferten Kunden per Internet mit einem entsprechenden Update versorgt werden. Die hohe Änderbarkeit lässt sich auch dazu nutzen, die Produkte im Rahmen einer sogenannten *Mass Customization* an die individuellen Präferenzen der Kunden anzupassen.

Mit der Änderbarkeit gehen auch spezifische Probleme einher. So kann Computersoftware leicht von Seiten Dritter nachträglich verändert werden. Dies erfolgt in der Praxis oft mit böswilliger Absicht anhand sogenannter Computerviren. Ziel kann unter anderem das Ausspähen vertraulicher Informationen sein. Für den Kunden besteht hier das Problem, dass der Originalzustand der digitalen (Soft-)Ware ohne weitere Hilfsmittel wie digitale Signaturen kaum zu verifizieren ist. Bei digitalen Dienstleistungen besteht dieses Problem nicht, da der Dienst auf Seiten des Anbieters ausgeführt wird und sich damit unter dessen Kontrolle befindet.

Die leichte Vervielfältigung digitaler Waren hat neben marginalen variablen Produktionskosten auch das Problem der Raubkopien zur Folge. Insbesondere über Tauschnetze werden im Internet in großem Umfang illegale Kopien von Musikdateien, Videofilmen und Computerprogrammen verteilt. Lösungsansätze bieten technische Kopierschutzverfahren und Systeme zum Digitalen Rechtemanagement (DRM), mit denen der Anbieter die Nutzungsmöglichkeiten seiner digitalen Produkte gezielt einschränken kann. Ein anderer Ansatz besteht darin, die digitale Ware mit einem für die Nutzung notwendigen, jedoch nicht oder nur wesentlich aufwendiger reproduzierbaren Gut zu bündeln. Hierbei kann es sich beispielsweise um eine digitale Dienstleistung, eine spezielle Hardware oder gedruckte Handbücher handeln. Bei digitalen Dienstleistungen sind keine Raubkopien möglich, da die eingesetzte Software beim Anbieter verbleibt. *Reproduzierbarkeit*

Digitale Waren unterliegen grundsätzlich keinem Verschleiß und weisen damit keinen nutzungsabhängigen Wertverlust auf. Diese Eigenschaft wird in der ökonomischen Literatur auch mit dem Begriff des *dauerhaften Gutes* (engl. *Durable Good*) bezeichnet und hat verschiedene Konsequenzen. So ist die Beschaffung einer digitalen Ware typischerweise ein Erstkauf, da kein verschleißbedingter Ersatz benötigt wird. Für den Käufer kann daraus ein *Vertrauensproblem* bezüglich der Qualität resultieren. *Verschleißfreiheit*

Grundsätzlich lassen sich Güter anhand der Bekanntheit der Qualität in drei Kategorien einteilen:

- *Suchgüter* zeichnen sich dadurch aus, dass ihre Qualität dem Nachfrager bereits vor dem Kauf bekannt ist. Dies kann durch verbindliche Qualitätsstandards gewährleistet sein.

- Bei *Erfahrungsgütern* kann die Qualität demgegenüber erst nach dem Kauf festgestellt werden.

- *Vertrauensgüter* haben die Eigenschaft, dass ihre Qualität auch nach dem Kauf nicht überprüfbar ist. Dies kann für Dienstleistungen wie eine ärztliche Behandlung gelten.

Viele digitale Waren sind Erfahrungsgüter, bei deren Erstkauf ohne flankierende Maßnahmen wie Garantien oder unabhängige Testberichte ein Vertrauensproblem besteht. Dieses Vertrauensproblem hat bei digitalen Waren besondere Bedeutung, da aufgrund der Verschleißfreiheit keine Wiederholungskäufe stattfinden und das Problem somit bei jedem Kauf vorliegt. Die Verschleißfreiheit bedingt auch, dass keine Qualitätsunterschiede zwischen neuen und gebrauchten digitalen Waren bestehen. Das Angebot neuer und gebrauchter digitaler Waren steht damit in direkter Konkurrenz zueinander.

Für digitale Dienstleistungen haben diese Probleme geringere Bedeutung. Digitale Dienstleistungen wie eine Online-Überweisung werden typischerweise wiederholt genutzt, womit sich das beschriebene Vertrauensproblem reduziert. Sie sind zudem nicht lagerfähig, womit auch das Konkurrenzproblem entfällt.

Ideale digitale Güter

Die genannten Merkmale liegen bei digitalen Gütern in der Praxis in unterschiedlichem Maße vor. Für die ökonomische Analyse ist es oft interessant, den Fall einer vollkommenen Digitalisierung zu betrachten. Ein solches *ideales digitales Gut* lässt sich kostenfrei vervielfältigen und besitzt damit keine variablen Stückkosten. Es entstehen also ausschließlich Fixkosten F. Die Kostenfunktion eines idealen digitalen Gutes lautet entsprechend $c(x) = F$. Darüber hinaus sollen bei idealen digitalen Gütern auch keine Transport- oder Lagerkosten bestehen.

Transformation zu digitalen Diensten

Bereits der kurze Überblick zeigt deutliche Unterschiede zwischen digitalen Waren und Dienstleistungen auf. Digitale Waren bieten gegenüber ihrem physischen Pendant einerseits Kostenvorteile in der Produktion und der Logistik. Anderseits weisen sie jedoch auch spezifische Probleme aufgrund ihrer Verschleißfreiheit, Änderbarkeit und Reproduzierbarkeit auf. Digitale Dienstleistungen bieten ähnliche Vorteile wie digitale Waren, können jedoch deren Probleme weitgehend vermeiden. Neben der bereits betrachteten Digitalisierung physischer Güter findet daher in der Praxis auch die in Abbildung 1.2 dargestellte Transformation von digitalen Gütern zu digitalen Dienstleistungen statt.

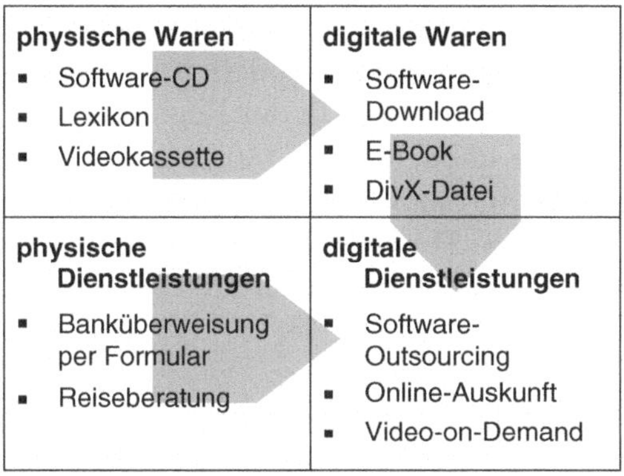

physische Waren • Software-CD • Lexikon • Videokassette	digitale Waren • Software-Download • E-Book • DivX-Datei
physische Dienstleistungen • Banküberweisung per Formular • Reiseberatung	digitale Dienstleistungen • Software-Outsourcing • Online-Auskunft • Video-on-Demand

Abbildung 1.2: Transformation zu digitalen Diensten

Der zweistufige Prozess aus Digitalisierung und Transformation hin zu digitalen Dienstleistungen lässt sich am Beispiel von Computersoftware illustrieren. Hier besteht der erste Schritt darin, die bislang auf einem physischen Datenträger (CD, DVD) angebotenen Programme über Onlineshops als digitale (Soft-)Ware zum Download anzubieten. Im zweiten Schritt folgen dann Anbieter, die Programme auf eigenen Computersystemen betreiben und deren Funktionalität als digitale Dienstleistung unter dem Begriff Software on Demand über das Internet bereitstellen.

1.2. Software on Demand

Die Grundidee der *Software on Demand* besteht darin, Computerprogramme als digitale Dienstleistung anzubieten. Hierbei wird die betreffende Software auf einem Computersystem des Anbieters installiert und betrieben. Im Gegensatz zum klassischen Vertriebsmodell erhält der Kunde keine Kopie der Software, sondern nutzt diese über ein Netzwerk wie das Internet direkt beim Anbieter. In der Praxis wird dies als *Application Service Providing* (ASP) oder *Software as a Service* (SaaS) bezeichnet.

Bei den ASP-Angeboten handelt es sich zumeist um konventionelle Anwendungen, die ursprünglich nicht für eine Nutzung

SaaS und ASP

als Software on Demand konzipiert wurden. Der Einsatz dieser Anwendungen in dem neuen Vertriebsmodell ist oft mit hohem Aufwand und Kosten verbunden. In der Regel muss dazu eine Software-Instanz pro Kunde, teilweise sogar auf separaten Rechnern, betrieben werden. SaaS-Lösungen sind demgegenüber speziell als Software on Demand entwickelt und weisen daher eine bessere, kostengünstigere Skalierbarkeit auf.

1.2.1. Grundkonzepte und Architekturen

Schichtenmodell

Im Prinzip handelt es sich bei Software on Demand um eine spezielle Form des Outsourcing, bei der eine IT-Funktion an einen externen Dienstleister delegiert wird. Der Anbieter bündelt verschiedene Dienste wie den Betrieb und die Wartung der benötigten Hard- und Software gegenüber dem Kunden. Abbildung 1.3 stellt dies in einem Schichtenmodell dar.

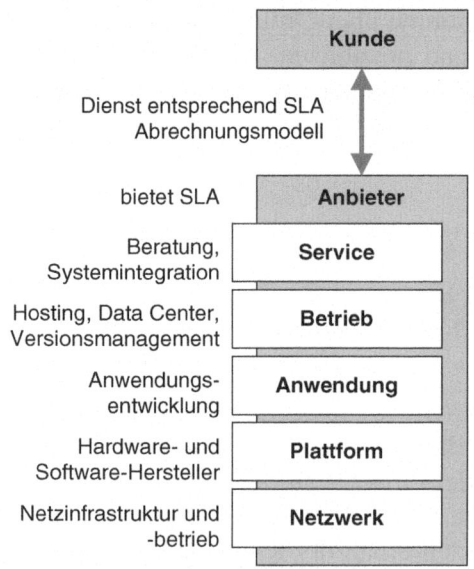

Abbildung 1.3: Schichtenmodell eines ASP/SaaS-Dienstes

SLA

Eine zentrale Rolle nimmt das *Service Level Agreement* (SLA) ein, das die vom Anbieter bereitzustellende Dienstqualität anhand von Parametern wie maximalen Antwortzeiten und Ausfallzeiten definiert. Dieser Leistung steht ein Abrechnungsmodell

1.2. Software on Demand

gegenüber. Das vom Kunden zu zahlende Entgelt lässt sich pauschal oder bezüglich der tatsächlich erbrachten Leistung erheben. Hierbei kann die Nutzungsdauer, die Zahl der Zugriffe und die Nutzeranzahl zugrundegelegt werden.

Hinsichtlich der technischen Bereitstellung des Software-Dienstes lassen sich wie in Abbildung 1.4 dargestellt zwei Konzepte unterscheiden. Die Grundlage dafür bildet die klassische Gliederung eines Anwendungssystems in die drei Schichten Präsentation, Anwendung und Persistenz. Die Präsentationsschicht (engl. *Presentation-Tier*) übernimmt hierbei die Kommunikation und Interaktion mit dem Benutzer. Die Anwendungsschicht (engl. *Business-Tier*) implementiert die Geschäftslogik des Unternehmens, dazu zählen die Geschäftsprozesse und deren Verarbeitungsschritte. Die Persistenzschicht (engl. *Persistence-Tier*) realisiert die Datenspeicherung.

Integrationskonzepte

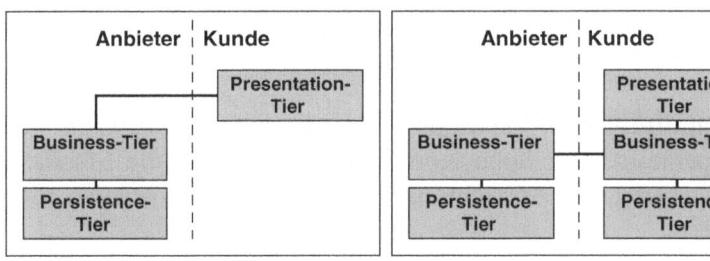

Abbildung 1.4: Bereitstellung auf Präsentations- und Anwendungsebene

Bei der Bereitstellung auf Präsentationsebene nutzt der Kunde eine komplette Anwendung über einen Webbrowser oder alternativ eine Remote-Desktop-Lösung. Mit diesem Konzept sind auch große Anwendungen wie Enterprise Resource Planning (ERP)- und Customer Relationship Management (CRM)-Systeme mit geringem Installations- und Wartungsaufwand vom Kunden nutzbar. Eine Integration mit anderen lokalen Anwendungen auf Kundenseite ist jedoch kaum möglich.

Die Integration auf Anwendungsebene eignet sich demgegenüber besonders für feingranulare Anwendungsdienste, wie beispielsweise die Bonitätsprüfung eines Transaktionspartners. Hierbei greift ein vom Kunden betriebenes Anwendungssystem nur für die betreffende Funktion auf den externen Dienstleister zurück.

Beispiel

Ein einfaches Beispiel für Software on Demand ist die weit verbreitete Dienstleistung sogenannter E-Mail Provider wie GMX, Yahoo und Google Mail, über deren Server Nachrichten zu versenden und zu empfangen. Hier werden üblicherweise beide Integrationskonzepte parallel angeboten. Zum einen ist es möglich, mittels eines Webbrowsers direkt auf eine vom Anbieter bereitgestellte graphische Benutzungsschnittstelle zuzugreifen. Alternativ lässt sich auch ein beim Nutzer lokal installiertes E-Mail-Programm wie Microsoft Outlook verwenden. In diesem Fall greift das lokale E-Mail-Programm über standardisierte Schnittstellen wie das *Simple Mail Transfer Protocol* (SMTP) und das *Post Office Protocol* (POP) auf den Anwendungsdienst des Anbieters zu.

1.2.2. Chancen und Risiken

Chancen

Das Konzept der Software on Demand kann gegenüber einer internen Lösung verschiedene Vorteile bieten:

- **Qualitätsverbesserungen:** Der Dienstanbieter kann als Spezialist eine hohe Kompetenz bieten und die Standardisierung und Ausrichtung an modernen IT-Lösungen fördern.

- **Kostentransparenz:** Im Rahmen des Service Level Agreements werden die Kosten und das Ausfallrisiko des digitalen Dienstes spezifiziert und dem Kunden damit Transparenz und Planungssicherheit geboten.

- **Skalierbarkeit:** Veränderungen im Ressourcenbedarf des Kunden lassen sich im Gegensatz zu einer internen Lösung kurzfristig und ohne zusätzliche Software- und Hardwareinvestitionen bedienen.

- **Kosteneinsparungen:** Der Kunde trägt deutlich geringere Investitionskosten und die Kapitalbindung ist entsprechend kleiner. Aufgrund der hohen Skalierbarkeit müssen auf Kundenseite keine Überkapazitäten für Lastspitzen vorgehalten werden. Auf Anbieterseite sind durch die Bündelung vieler Kunden Skaleneffekte möglich.

Den Vorteilen eines IT-Outsourcing stehen jedoch auch verschiedene Risiken gegenüber:

Risiken

- **Kompetenzverlust:** Mit dem IT-Outsourcing geht oft ein Kompetenzverlust beim Kunden einher. Die hieraus entstehende Abhängigkeit kann den Kunden beispielsweise beim Konkurs des Dienstanbieters schädigen.
- **Datenschutz und Datensicherheit:** Der Dienstanbieter hat Zugriff auf die Anwendungsdaten des Kunden und nimmt damit eine unternehmenskritische Vertrauensposition ein.
- **Ausfallsicherheit:** Bei mangelnder Stabilität der Netzwerkverbindung zwischen Dienstanbieter und Kunde kann es zu Ausfallzeiten kommen.
- **Mangelnde Individualität:** Die Dienstangebote sind üblicherweise weitgehend standardisierte Lösungen, die kundenspezifische Anforderungen nur teilweise berücksichtigen.
- **Zusätzliche Kosten:** Mit dem Outsourcing können weitere Zusatzkosten entstehen, beispielsweise Telekommunikationskosten durch einen umfangreichen Datentransfer mit dem Dienstanbieter.

Dem Konzept der Software on Demand wird in Zukunft wachsende Bedeutung zukommen. Im Vordergrund stehen dabei feingranulare Dienste auf der Anwendungsebene, die im Kontext sogenannter *Service Orienterter Architekturen* (SOA) eingesetzt werden. Ziel der SOA ist es, betriebliche Anwendungssysteme in kleine Fachkomponenten zu untergliedern und diese problemadäquat und flexibel über standardisierte Schnittstellen zusammenzufügen. Die einzelnen Fachkomponenten können dann wahlweise beim Anwender selbst oder von einem externen Dienstleister bereitgestellt werden. Auf diese Weise kann letztendlich ein Markt für Software on Demand entstehen, auf dem die Kunden bedarfsabhängig digitale Dienstleistungen wie andere Verbrauchsgüter einkaufen. Die Zukunftsvision, Anwendungsdienste wie Strom aus der Steckdose zu konsumieren, wird auch als *Utility Computing* bezeichnet.

Zukunftsvision

1.3. Kostenstruktur und Monopolbildung

Digitale Waren und Dienstleistungen weisen gegenüber ihrem physischen Pendant in der Regel einen hohen Fixkostenanteil und geringe variable Stückkosten auf. Die Digitalisierung eines Produktes kann damit zu einer Veränderungen der Kostenstruktur führen, die ihrerseits tiefgreifende Auswirkungen auf den betreffenden Markt hat. Im Folgenden wird die Digitalisierung eines hypothetischen Produktes hinsichtlich der Auswirkung auf die Anbieterzahl des Marktes untersucht.

1.3.1. Vollständige Konkurrenz

Modell

Den Ausgangspunkt der Überlegungen bildet ein Markt mit vollständiger Konkurrenz. Es stehen sich eine Vielzahl von Anbietern und Nachfragern bei vollkommener Information bezüglich eines homogenen Gutes gegenüber. Die Anbieter weisen eine typische Kostenfunktion $c(x)$ mit positiven und steigenden Grenzkosten auf, die sich aus variablen, mengenabhängigen Kosten $c_v(x)$ und Fixkosten F zusammensetzt.

$$c(x) = c_v(x) + F \quad \text{mit} \quad c_v(x)' > 0, c_v(x)'' > 0$$

Der einzelne Anbieter agiert bei vollständiger Konkurrenz als Preisnehmer und wählt die Ausbringungsmenge x, die seinen Gewinn $\pi = px - c(x)$ maximiert. Das Gewinnmaximum lautet entsprechend

$$\pi^* = max_x \, \pi(x) = max_x \, px - c(x).$$

Die gewinnmaximale Ausbringungsmenge x^* nimmt wie in Abbildung 1.5 skizziert mit steigendem Preis zu. Für die Kostenfunktion $c(x) = x^2 + 1$ ergibt sich beispielsweise die Ausbringungsmenge $x^*(p) = p/2$.

Durchschnittskosten

Eine weitere charakteristische Größe des Anbieters bilden die Durchschnittskosten

$$dk(x) = c(x)/x,$$

also die Gesamtkosten pro Stück. Die Durchschnittskostenkurve hat die in Abbildung 1.5 skizzierte Form. Der U-förmige Verlauf ergibt sich aus zwei Effekten. Zunächst sinken die Durchschnittskosten in x, da der Fixkostenanteil F/x abnimmt. Im weiteren Verlauf überwiegen dann die steigenden Grenzkosten $c(x)'$

und die Durchschnittskosten steigen an. Die minimalen Durchschnittskosten *pmin* sind der minimale Preis, zu dem ein Anbieter kostendeckend produzieren kann. Für die obengenannte Kostenfunktion $c(x) = x^2 + 1$ liegen die minimalen Durchschnittskosten an der Stelle $x = 1$ und betragen *pmin* = 2.

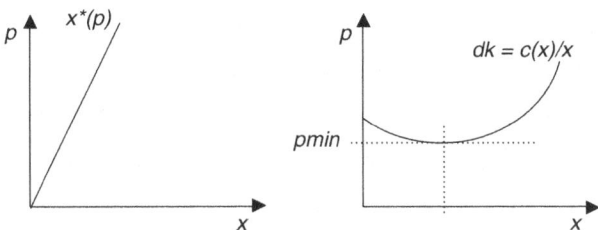

Abbildung 1.5: Individuelle Ausbringungsmenge und Durchschnittskosten

Befinden sich im Markt insgesamt m Anbieter mit identischer Kostenfunktion $c(x)$, so lautet die Angebotsfunktion

$$S(p) = mx^*(p).$$

Das kurzfristige Marktgleichgewicht liegt im Schnittpunkt der Angebotsfunktion $S(p)$ und der Nachfragefunktion $D(p)$. In Abbildung 1.6 ist dies für eine lineare Nachfragefunktion der Form

Kurzfristiges Marktgleichgewicht

$$D(p) = a - bp \quad \text{mit} \quad a, b > 0$$

dargestellt. In Abhängigkeit von der Anbieterzahl m ergeben sich verschiedene Angebotsfunktionen und damit auch unterschiedliche Gleichgewichtspreise und -mengen.

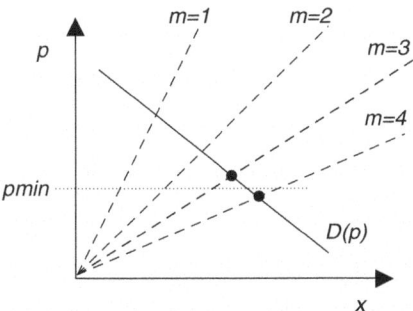

Abbildung 1.6: Kurzfristige Marktgleichgewichte

Langfristiges Marktgleichgewicht

Im langfristigen Gleichgewicht ist zusätzlich zu berücksichtigen, dass Anbieter in Abhängigkeit von der Profitabilität der Marktteilnahme in den Markt ein- oder austreten. Den für diese Entscheidung relevanten Bezugspunkt bilden die minimalen Durchschnittskosten *pmin*. Unterschreitet der kurzfristige Gleichgewichtspreis p_{gg} die minimalen Durchschnittskosten *pmin*, so erwirtschaften die Anbieter Verluste und es kommt zu Marktaustritten. Andersherum kommt es bei entsprechenden Gewinnen zum Markteintritt neuer Anbieter.

Das langfristige Gleichgewicht ist erreicht, sobald die Zahl der Anbieter stabil ist. Bei großer Anbieterzahl und damit ohne Ganzzahligkeitseffekte ist dies genau dann der Fall, wenn der kurzfristige Gleichgewichtspreis p_{gg} den minimalen Durchschnittskosten entspricht, also $p_{gg} = pmin$ gilt. In Abbildung 1.6 liegt das langfristige Marktgleichgewicht bei $m = 3$ Anbietern, da mit einem vierten Anbieter die Verlustgrenze *pmin* überschritten wird.

1.3.2. Kostenstruktur und Anbieterzahl

Beispielszenario

Betrachten wir nun als Digitalisierungsbeispiel die Dienstleistung einer Banküberweisung. Die Ausgangssituation sei ein klassischer Überweisungsvorgang mit Papierformularen. Die Marktparameter sollen zunächst der bisherigen Darstellung entsprechen. Die Kostenfunktion sei also $c(x) = x^2 + 1$, die aggregierte Angebotsfunktion lautet $S(p) = mp/2$ und die Nachfragefunktion hat die Form $D(p) = a - bp$. Der kurzfristige Gleichgewichtspreis p_{gg} liegt im Schnittpunkt von Angebots- und Nachfragekurve, also bei $S(p) = D(p)$ und ergibt sich durch Auflösen nach p als

$$p_{gg} = a/(m/2 + b).$$

Im langfristigen Gleichgewicht gilt zudem $p_{gg} = pmin$. Durch Einsetzen von $pmin = 2$ und Auflösen nach m ergibt sich für das langfristige Gleichgewicht die Zahl von

$$m_1 = a - 2b.$$

Anbietern.

Digitalisierung

Nehmen wir nun an, dass der Überweisungsvorgang auf ein Homebanking per Internet umgestellt wird. Die Digitalisierung halbiert die variablen Kosten und verdoppelt die Fixkosten. Beide Veränderungen erhöhen den relativen Fixkostenanteil, wie dies für digitale Güter typisch ist. Die Kostenfunktion lautet nun $c(x) = x^2/2 + 2$. Aus den zuvor durchgeführten Überlegungen ergibt sich eine Zahl von

$$m_2 = a/2 - b$$

Anbietern.

Die Anbieterzahl nimmt im Beispiel genau dann ab, falls für die Nachfragefunktion $b < a/2$ gilt. Diese Bedingung setzt lediglich voraus, dass die Nachfragefunktion bei einem Preis in Höhe der minimalen Durchschnittskosten keine negative Nachfragemenge liefert.[1] Wählt man als Zahlenbeispiel die Nachfrageparameter $a = 100$ und $b = 5$, so halbiert sich die Anbieterzahl von $m_1 = 90$ auf $m_2 = 45$ Akteure. Die Digitalisierung führt damit über eine Veränderung der Kostenfunktion zu einer Konzentration auf der Anbieterseite.

1.3.3. Natürliche Monopole

Eine noch weitergehende Digitalisierung könnte zu einer Linearisierung der Kostenfunktion führen, beispielsweise in der Form $c(x) = x/2 + 2$. In diesem Fall entsteht ein sogenanntes *natürliches Monopol*.

Natürliche Monopole haben die Eigenschaft, dass die Produktion jeder beliebigen Gütermenge am kostengünstigsten durch genau einen Anbieter erfolgt. Dies entspricht einer *subadditiven Kostenfunktion*. Eine *subadditive Kostenfunktion* liegt vor, falls für beliebige Produktionsmengen $x_1, x_2 > 0$ die Kosten $c(x_1) + c(x_2)$ einer auf zwei Anbieter verteilten Produktion höher als die Kosten $c(x_1 + x_2)$ eines Monopolisten sind.

Subadditive Kostenfunktion

Mit der subadditiven Kostenfunktion ergibt sich im Gegensatz zum Modell vollständiger Konkurrenz ein fallender Durchschnittskostenverlauf, und es existiert kein langfristiges Marktgleichgewicht mit mehreren Anbietern. Dies folgt aus

Monopolbildung

---

[1] Die minimalen Durchschnittskosten sind im Beispiel für beide Kostenfunktionen identisch.

der einfachen Überlegung, dass ein Anbieter mit zunehmendem Marktanteil konkurrenzfähiger wird, da die Durchschnittskosten sinken. Die geringsten Durchschnittskosten und damit die sogenannte Kostenführerschaft hat der größte Anbieter. Dieser Anbieter kann seine Konkurrenten in einem Preiswettbewerb aus dem Markt drängen, und es entsteht ein Angebotsmonopol. Der Preiswettbewerb wird später in Kapitel 5 anhand des Bertrand Modells noch näher betrachtet.

1.3.4. Diskussion

Das Digitalisierungsbeispiel illustriert, wie eine schrittweise Veränderung der Produktionskosten die Marktstruktur beeinflusst. Mit der Erhöhung des relativen Fixkostenanteils nimmt die Zahl der Anbieter ab. Eine Linearisierung der variablen Kosten führt darüber hinaus zu einer subadditiven Kostenfunktion und damit zu einem natürlichen Monopol. Ideale digitale Güter haben keine variablen Kosten und weisen daher immer eine subadditive Kostenfunktion auf.

Deadweight Loss

Monopole sind in der Regel unerwünscht, da mit ihnen gegenüber der vollständigen Konkurrenz ein Wohlfahrtsverlust einhergeht. Der Monopolist agiert als Preissetzer und maximiert seinen Gewinn, indem er einen höheren Preis als bei vollständiger Konkurrenz wählt. Mit dieser Preiserhöhung sinkt sowohl die Absatzmenge als auch die Konsumentenrente. Der aus den beiden Teileffekten resultierende *Nettowohlfahrtsverlust* wird als *Deadweight Loss* bezeichnet. Verschiedene wirtschaftspolitische Maßnahmen zielen daher darauf ab, monopolistische Marktstrukturen zu vermeiden.

Contestable Markets

In der Praxis hängt der tatsächliche Wohlfahrtsverlust von vielen Faktoren ab. So kann bereits die Markteintrittsdrohung potentieller Konkurrenten den Monopolisten veranlassen seinen Marktpreis abzusenken, um damit die Profitabilität eines Markteintritts zu reduzieren. Diese unter dem Begriff der *Contestable Markets* (Baumol 1982) bekannte Überlegung setzt jedoch voraus, dass die Konkurrenzsituation nicht durch Markteintrittsbarrieren behindert wird. Solche Markteintrittsbarrieren können in Form von Skalen- und Lernkurveneffekten zugunsten des Monopolisten bestehen. Im Kontext digitaler Güter treten auch oft Netzwerkeffekte auf, die ebenfalls den Monopolisten begünstigen.

1.4. Verschleißfreiheit und Monopolgewinn

Digitale Güter besitzen die besondere Eigenschaft der Verschleißfreiheit. Ausgehend von der naheliegenden Konsequenz, dass für digitale Waren keine Ersatzkäufe stattfinden, ergeben sich für Anbieter und Nachfrager weitreichende Konsequenzen. Dies wird nun anhand der Preissetzung eines Monopolisten näher betrachtet. Das dazu verwendete Modell ist an (Tirole 2003) angelehnt.

Den Ausgangspunkt bildet ein monopolistischer Anbieter, der vor der Entscheidung steht, ein ideales digitales Gut entweder als digitale Ware oder als digitale Dienstleistung zu vermarkten. Dabei kann es sich um eine Computersoftware handeln, die entweder klassisch zur Installation beim Kunden oder alternativ als Software on Demand vertrieben wird.

Modell

Die Herstellung des idealen digitalen Gutes verursacht ausschließlich Fixkosten, die unabhängig von der Vermarktungsvariante entstehen. Zur Vereinfachung der Darstellung werden daher im Folgenden der Erlös des Anbieters anstelle seines Gewinns betrachtet und die Fixkosten vernachlässigt.

Das digitale Produkt wird über einen Zeitraum von zwei Perioden $t = 1, 2$ angeboten. Der Monopolist kann die Angebotspreise p_1 und p_2 frei wählen, also auch eine Preisdifferenzierung zwischen beiden Perioden vornehmen. Die Nachfrage nach dem digitalen Produkt ist hinsichtlich Preis und Menge auf das Intervall [0, 1] normiert und beträgt für beide Perioden

$$D_t(p_t) = 1 - p_t.$$

Für den Monopolisten stellt sich die Frage, wie die erlösmaximalen Preise (p_1, p_2) für die beiden Vermarktungsvarianten „digitale Ware" und „digitale Dienstleistung" lauten und welcher Erlös daraus resultiert.

1.4.1. Digitale Dienstleistung

Betrachten wir zunächst die Vermarktung als digitale Dienstleistung. Die Dienstleistung wird vom Monopolisten in den beiden Perioden zu Pauschalpreisen von p_1 und p_2 angeboten. Der Monopolist steht dabei in jeder Periode einer identischen Nachfrage gegenüber, da die angebotene Dienstleistung auf jeweils eine Periode begrenzt ist. Der Erlös in einer Periode t lautet in Abhängigkeit des gewählten Preises p_t

$$\pi_t(p_t) = p_t D(p_t)$$

Die Optimierung ergibt einen erlösmaximalen Preis

$$p_t^* = 1/2$$

und einen Periodenerlös von

$$\pi_t^* = 1/4.$$

Für den Gesamterlös über beide Perioden wird eine Zeitpräferenz in Form eines Diskontfaktors δ angenommen. Als Gesamterlös ergibt sich damit

$$\pi_{Dienst}^* = \pi_1(p_1^*) + \delta \pi_2(p_2^*)$$
$$= (1+\delta)/4.$$

1.4.2. Digitale Ware

Betrachten wir nun die alternative Vermarktung als digitale Ware. Die Verschleißfreiheit hat hier zur Folge, dass die in Periode t_1 verkauften Produkte auch in Periode t_2 neuwertig sind. Dies ist in den Nachfragefunktionen für beiden Perioden zu berücksichtigen.

Periode t_2 Zunächst wird die Periode t_2 in Abhängigkeit der bereits in Periode t_1 verkauften Menge x_1 betrachtet. Die bereits verkauften Produkte x_1 sind in Periode t_2 neuwertig und reduzieren die wirksame Nachfrage. Die Nachfrage lautet damit

$$D_2(p_2) = 1 - p_2 - x_1.$$

Der Erlös des Monopolisten in Periode t_2 beträgt $\pi_2(p_2, x_1) = p_2 D_2(p_2)$. Die Optimierung bezüglich des Preises p_2 liefert den erlösmaximalen Preis

$$p_2^* = (1 - x_1)/2$$

und einen Periodenerlös von

$$\pi_2^*(x_1) = (1 - x_1)^2/4.$$

Periode t_1 Für die Nachfrage in Periode t_1 ist zu berücksichtigen, dass ein zu diesem Zeitpunkt erworbenes Produkt auch in t_2 neuwertig ist und damit einen Marktwert in Höhe des Preises p_2

besitzt. Für die Nachfrager besteht damit die Möglichkeit, ein in Periode t_1 erworbenes Produkt in Periode t_2 zum Preis p_2 zu veräußern. Dieser mögliche Verkaufserlös p_2 mindert den für die Nutzung in Periode t_1 effektiv zu zahlenden Preis. Der Verkaufserlös p_2 ist mit dem Diskontfaktor δ abzuzinsen. Die Nachfrage in Periode t_1 lautet damit

$$D_1(p_1) = 1 - (p_1 - \delta p_2).$$

Hierbei wird angenommen, dass die Nachfrager bei ihrer Kaufentscheidung in Periode t_1 den vom Monopolisten in Periode t_2 gewählten Preis korrekt antizipieren. Dies lässt sich beispielsweise damit begründen, dass die Nachfrager als vollständig rationale Akteure die Strategie des Anbieters antizipieren oder aber die Angebotspreise in anderen vergleichbaren Märkten beobachtet haben und diese Erfahrung auf den neuen Markt übertragen.

Setzt man den Optimalpreis p_2^* in D_1 ein, dann ergibt sich nach einigen Umformungen für p_1 der Ausdruck $p_1 = (1 + \delta/2)(1 - x_1)$ und entsprechend die Erlösfunktion

Optimierung

$$\pi_1(x_1) = x_1 p_1 = x_1(1 + \delta/2)(1 - x_1).$$

Der Gesamterlös für beide Perioden beträgt damit

$$\pi_{Ware}(x_1) = \pi_1(x_1) + \delta \pi_2^*(x_1)$$
$$= x_1(1 + \delta/2)(1 - x_1) + \delta(1 - x_1)^2/4.$$

Für die Bestimmung des Maximalerlöses ist dieser Ausdruck nach x_1 zu optimieren. Hierbei ergeben sich die erlösmaximalen Preise

$$p_1^* = (2 + \delta)^2/(8 + 2\delta) \quad \text{und}$$
$$p_2^* = 1/2 - 1/(4 + \delta)$$

sowie ein Erlös von

$$\pi_{Ware}^* = \delta/4 + 1/(4 + \delta).$$

Der Vergleich der Preise p_1^* und p_2^* zeigt, dass der Monopolist den Angebotspreis im Zeitverlauf senkt, da unabhängig vom Diskontfaktor δ immer $p_1^* > p_2^*$ gilt. Dies gilt auch für

Skimming

den Vergleich der effektiv pro Periode zu zahlenden Preise, die in der ersten Periode aufgrund des möglichen Weiterverkaufs $p_1^* - \delta p_2^*$ und in der zweiten Periode p_2^* betragen. Im Rahmen dieser auch als *Skimming* bezeichneten Preisstrategie wird zunächst an die Nachfrager mit hoher Zahlungsbereitschaft verkauft. Anschließend erfolgt eine Preissenkung, um weitere Nachfrager als Kunden zu erreichen. Abbildung 1.7 illustriert dies. Das Ausmaß der Preissenkungen ist von der Zeitpräferenz der Akteure abhängig und nimmt mit dem Diskontfaktor δ zu.

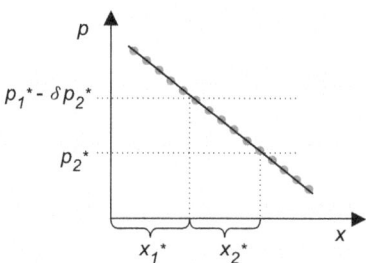

Abbildung 1.7: Dynamische Preisstrategie

Ausgehend von der Skimming-Strategie könnte es für den Anbieter profitabel sein, möglichst viele kleine Preisanpassungen vorzunehmen, um so die gesamte Zahlungsbereitschaft aller Nachfrager abzuschöpfen. Bei verschleißfreien Gütern ergibt sich hier ein überraschendes Ergebnis.

1.4.3. Coase Conjecture

Vergleich

Der Vergleich der Vermarktungsalternativen „digitale Ware" und „digitale Dienstleistung" erfolgt anhand der vom Anbieter erzielbaren Erlöse. Hierzu wird der Quotient

$$\eta(\delta) = \pi_{Ware}^*(\delta)/\pi_{Dienst}^*(\delta)$$

betrachtet. Der Quotient η gibt an, wie hoch der Erlös der digitalen Ware im Verhältnis zur digitalen Dienstleistung ist. Abhängig von dem zugrunde gelegten Diskontfaktor ergeben sich verschiedene Werte. Falls keine Zeitpräferenz besteht ($\delta = 1$) beträgt der Quotient $\eta = 0{,}9$, die digitale Ware erzielt also nur 90% des Erlöses der digitalen Dienstleistung. Mit zunehmender

Zeitpräferenz, also abnehmendem Diskontfaktor, steigt der Quotient und erreicht bei $\delta = 0$ den Wert $\eta = 1$. In diesem Fall sind die Erlöse in Periode t_2 wertlos und beide Vermarktungsalternativen naheliegenderweise äquivalent.

Der Vergleich zeigt, dass die digitale Dienstleistung mit Ausnahme des Grenzfalls $\delta = 0$ immer einen höheren Erlös als die digitale Ware erzielt. Der Grund für die Erlöseinbuße der digitalen Ware besteht darin, dass die Nachfrager die Preissenkung in Periode t_2 antizipieren und den Kauf in Abhängigkeit ihrer Zahlungsbereitschaft teilweise auf die Periode t_2 verschieben. Diesen Effekt kann der Anbieter nur vermeiden, indem zukünftige Preissenkungen glaubhaft ausgeschlossen werden.

Dieses Ergebnis beruht auf der *Coase Conjecture* (Coase 1972). Die Coase Conjecture wurde von dem Nobelpreisträger Ronald Coase zunächst als Vermutung (engl. Conjecture) formuliert und später bewiesen. In allgemeiner Form besagt die Coase Conjecture, dass der monopolistische Anbieter eines verschleißfreien Gutes seine Marktmacht und damit auch den Monopolgewinn vollständig einbüßt, falls er in Zukunft beliebig häufig und schnell Preissenkungen vornehmen kann. Die Ursache besteht wie im zuvor betrachteten Modell auch hier darin, dass die Nachfrager die zukünftigen Preissenkungen antizipieren und ihren Kauf verzögern.

Coase Conjecture

1.4.4. Praxisaspekte

Die Coase Conjecture bildet einen wichtigen Aspekt, der aus Sicht des Monopolisten erneut für die Transformation von digitalen Waren zu digitalen Dienstleistungen spricht. In der Praxis können jedoch auch Rahmenbedingungen vorliegen, die eine solche Transformation verhindern oder unprofitabel machen. Mögliche Gründe, die gegen digitale Dienstleistungen und damit für eine Vermarktung als digitale Ware sprechen können, sind beispielsweise:

Probleme

- **Technische Unmöglichkeit:** Für spezielle Anwendungen wie Video on Demand fehlen technische Voraussetzungen, beispielsweise die dazu benötigten Bandbreiten.
- **Dienstleistungsspezifische Zusatzkosten:** Im betrachteten Modell wurden für Ware und Dienstleistung identische

Produktionskosten angenommen. In der Praxis können beispielsweise Telekommunikationskosten für den Datentransfer eines Software on Demand-Dienstes die Transformation behindern.

- **Mangelnde Akzeptanz der Nachfrager:** Im Rahmen von Software on Demand-Diensten kann die Vertraulichkeit der Anwendungsdaten unsicher sein, sodass die Nachfrager eine interne Softwarelösung bevorzugen.

- **Markteintrittsdrohung eines Konkurrenten:** Mit dem Verkauf einer digitalen Ware kann der Monopolist die Zahlungsbereitschaft der Nachfrager langfristig abschöpfen. Für potentielle Konkurrenten mindert dies die Profitabilität eines späteren Markteintritts gegenüber einer in jeder Periode neu angebotenen Dienstleistung.

Lösungsansätze

Falls die Transformation zu einer digitalen Dienstleistung aus einem der obengenannten Gründe nicht möglich ist, so stellt sich die Frage, ob die durch die Coase Conjecture entstehende Gewinneinbuße anders zu vermeiden ist. Hier bieten sich verschiedene Ansatzpunkte:

- **Preisgarantien:** Das Konzept besteht darin, zukünftige Preissenkungen durch ein Garantieversprechen glaubhaft auszuschließen. Dies kann auch erfolgen, indem der Monopolist sich verpflichtet, seinen Kunden bei einer späteren Preissenkung die entsprechende Differenz zu erstatten. In der Praxis lassen sich derartige Garantien vom Anbieter oft nachträglich durch die Variation von Produktqualität und Produktbezeichnung umgehen.

- **Einmaliges Angebot:** Eine Variante zum Ausschluss von Preissenkungen bieten zeitlich begrenzte Angebote, beispielsweise im Rahmen einer einmaligen „Sonderedition". Im zuvor betrachteten Modell würde der Monopolist bei einem einmaligen Angebot in Periode t_1 dazu den Preis $p_1 = (1 + \delta)/2$ wählen. Auch hier ist die Glaubhaftigkeit des Monopolisten problematisch, falls dieser sein Angebot später verlängern oder durch ein ähnliches Produkt ersetzen kann.

- **Reduzierung der Lebensdauer:** Ein weiterer Ansatzpunkt ist, die digitale Ware um eine Verschleißkomponente zu ergänzen. Dieser Ansatz vermeidet die Coase Conjecture, führt jedoch zu wiederholten Produktions- und Distributionskosten. Zur Umsetzung kann die digitale Ware mit einer zeitlich begrenzten Nutzungslizenz angeboten werden. Alternativ lässt sich die digitale Ware auch mit einer digitalen Dienstleistung verknüpfen. So ist die Software eines Virenscanners nur dann sinnvoll nutzbar, falls sie regelmäßig um aktuelle Vireninformationen ergänzt wird, die der Hersteller als digitale Dienstleistung anbietet.

1.5. Kopierbarkeit und digitale Nutzungsrechte

Die leichte Reproduzierbarkeit digitaler Waren kann dem Anbieter bei der Produktion erhebliche Kostenvorteile bieten. Auf der Nachfrageseite steht dem jedoch oft das Erstellen von Raubkopien gegenüber, die für den Anbieter zu erheblichen Umsatzeinbußen führen können. Ein interessantes Beispiel für die Problematik von Raubkopien bietet die Musikindustrie, in der digitale Raubkopien geradezu eine Krise herbeigeführt haben. Im Weiteren wird nur der Musikvertrieb, also der Absatz an den Endkonsumenten, betrachtet. Auch andere Bereiche der Musikindustrie, wie die Aufnahmetechnik und die Musikproduktion wurden durch die Digitalisierung verändert, sind jedoch nicht von Raubkopien betroffen.

1.5.1. Digitalisierung in der Musikindustrie

Die erste Digitalisierung fand in der Musikindustrie mit der Ablösung der vormals analogen Tonträger Schallplatte und Musikkassette durch die Compact Disc (CD) statt. Mit diesem Schritt wurde im Markt eine grundsätzlich neue Technologie eingeführt, die dem Konsumenten im Gegensatz zu den analogen Tonträgern erstmals verlustfreie Kopien ermöglichte.

CD-Kopien

Das Problem der Raubkopie entwickelte sich schrittweise mit der Verbreitung von Computern im Heimbereich, verbunden mit sinkenden Preisen der benötigten CD-Rohlinge. In den Jahren 2001 und 2002 wurden in Deutschland erstmals mehr CD-Rohlinge und damit potentielle Raubkopien als Original-CDs verkauft. Die Musikindustrie reagierte auf diese Entwicklung mit der Einführung kopiergeschützter CDs. Das Konzept besteht darin, die CDs so zu fertigen, dass diese in einem CD-Player abgespielt, nicht aber von dem CD-Laufwerk eines Computers gelesen und kopiert werden können. Um dies zu erreichen, wird bei der Fertigung kopiergeschützter CDs von dem für Musik-CDs eigentlich verbindlichen *Red Book* ISO/IEC 60908 Standard abgewichen. Als unerwünschter Seiteneffekt sind kopiergeschützte Musik-CDs daher auch auf einigen normalen CD-Playern nicht abspielbar.

Tauschbörsen

Eine zweite Raubkopie-Problematik entstand mit der Verbreitung des Internet und der Entwicklung von für Musik geeigneter Verfahren zur Datenkompression. Bahnbrechend ist in diesem Zusammenhang das am Fraunhofer Institut entwickelte Kompressionsverfahren MPEG Level 3, bekannt unter dem Kürzel *mp3*. Mit dieser Technologie ist es möglich, Musikdaten für das menschliche Gehör nahezu verlustfrei im Verhältnis 15:1 zu verdichten. Die so komprimierten Musikdateien lassen sich mit den mittlerweile im Privatbereich verfügbaren Bandbreiten problemlos per Internet übertragen. Vor diesem technologischen Hintergrund entstanden im Internet zahlreiche Tauschbörsen wie Napster und Gnutella, deren Nutzer untereinander kostenlos Raubkopien von Musikdateien tauschen. Dieser Austausch von Dateien über das Internet wird auch als *Filesharing* bezeichnet.

Lösungsstrategien

Die Musikindustrie hat gegen diesen Missbrauch verschiedene Maßnahmen ergriffen. Mit *rechtlichen Interventionen* wird juristisch gegen die mit der Anfertigung von Raubkopien verbundene Urheberrechtsverletzung vorgegangen. Die ersten Tauschbörsen wie Napster verwendeten einen zentralen Server, auf dem alle verfügbaren Musiktitel verzeichnet waren. Im Fall von Napster wurde juristisch gegen den Betreiber dieses Servers vorgegangen und die Abschaltung erwirkt.

Neuere Tauschbörsen sind demgegenüber als sogenannte Peer-to-Peer-Netze organisiert. Sie bestehen ausschließlich aus den Computern ihrer Nutzer und benötigen keinen zentralen Server. Hier geht die Musikindustrie direkt gegen einzelne

Nutzer vor, um durch Schadenersatzforderungen einen Abschreckungseffekt zu erzielen. Darüber hinaus wurde auch wiederholt von gezielter *Sabotage* der Tauschnetze berichtet. Dabei werden in großer Zahl defekte Musikdateien (sogenannte *Fakes*) in ein Tauschnetz eingebracht, um es damit für seine Nutzen unbrauchbar zu machen.

Später ist die Musikindustrie dann dazu übergegangen, auch eigene Online-Angebote im Internet bereitzustellen. Diese kommerziellen Angebote wie MusicNet und Pressplay waren jedoch zunächst aus verschiedenen Gründen wenig erfolgreich. Neben recht hohen Kosten pro Musiktitel wurden in der Anfangsphase zusätzlich Monatsbeiträge erhoben. Das angebotene Musiksortiment war gegenüber den bereits weit verbreiteten Tauschnetzen stark begrenzt. Darüber hinaus setzen die kommerziellen Anbieter sogenannte Digital Rights Management (DRM)-Systeme ein, um eine illegale Nutzung ihrer Musikdateien zu verhindern.

1.5.2. Digital Rights Management

Ein Kernproblem der Online-Vermarktung von Musik liegt in der Kopierbarkeit der digitalen Ware. *Digital Rights Management* (DRM)-Systeme können dazu eingesetzt werden, die Nutzbarkeit einer Musikdatei auf einen oder mehrere Anwender einzuschränken und damit Raubkopien zu verhindern.

Das Grundkonzept des Digital Rights Management besteht darin, die Nutzung eines digitalen Inhaltes an eine digitale Lizenz zu binden. Dies geschieht, indem der digitale Inhalt so verschlüsselt wird, dass die Wiedergabe nur mit einer speziell dafür entwickelten Software möglich ist. Diese Software beinhaltet als zusätzliche Funktionalität, dass vor der Wiedergabe des Inhalts zunächst anhand der Lizenz geprüft wird, ob der jeweilige Nutzer über das entsprechende Recht verfügt. Die Weitergabe einer Datei an Dritte ist damit zwecklos, da einem unberechtigten Nutzer die Wiedergabe verweigert wird.

Konzept

Eine einfache Umsetzung diese Konzepts ist in Abbildung 1.8 dargestellt. Jeder Nutzer ist mit einer eindeutigen Identität ausgestattet. In der Praxis ist diese Identität zumeist nicht an den Nutzer selbst, sondern an sein Wiedergabegerät gebunden. Computer und spezielle Abspielgeräte besitzen dazu eine sogenannte Hardwarekennung, die nicht auf andere Geräte

Umsetzung

übertragbar ist. Erwirbt nun ein Kunde eine Musikdatei legal auf einer Online-Plattform, so wird diese vor dem Herunterladen auf seinen Rechner um die entsprechende Hardwarekennung ergänzt und verschlüsselt. Die eigentliche Rechteprüfung erfolgt dann, indem das Wiedergabegerät die Daten zunächst entschlüsselt und dann die eigene Hardwarekennung mit der Musikdatei vergleicht.

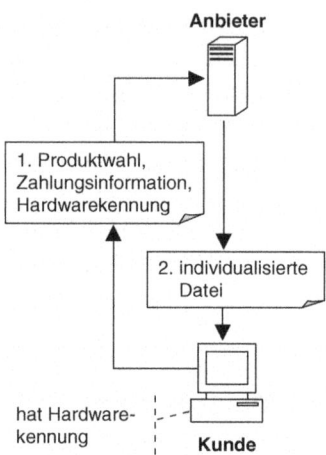

Abbildung 1.8: Digital Rights Management bei Musikdateien

Wesentlich für den Erfolg eines derartigen Digital Rights Management ist, dass sich die zugrundeliegende Rechteprüfung nicht umgehen oder manipulieren lässt. Dazu zählt sowohl, dass die Musikdatei nicht auf einem anderen Wiedergabegerät ohne Rechteprüfung abgespielt werden kann, als auch, dass keine Veränderungen an der hinterlegten Hardwarekennung möglich sind. Dies ist durch den Einsatz kryptographischer Verfahren möglich.

1.5.3. Apple iTunes und FairPlay

Die ersten Online-Angebote der Musikindustrie beinhalteten ein restriktives Digital Rights Management, dass die Weitergabe von Musikdateien an Dritte grundsätzlich ausschloss. Der Er-

1.5. Kopierbarkeit und digitale Nutzungsrechte

folg der kommerziellen Anbieter war über lange Zeit gering, bis das Unternehmen Apple mit der iTunes-Plattform den Markt betrat.

Apple iTunes unterscheidet sich in verschiedenen Punkten deutlich von den bisherigen Angeboten. So wurde schon bei der Markteinführung im April 2003 ein breites Sortiment von 200.000 Musiktiteln angeboten und auf monatliche Beiträge verzichtet. Darüber hinaus hat auch das speziell auf iTunes ausgerichtete Wiedergabegerät Apple iPod zur Popularität der Plattform beigetragen.

Konzept

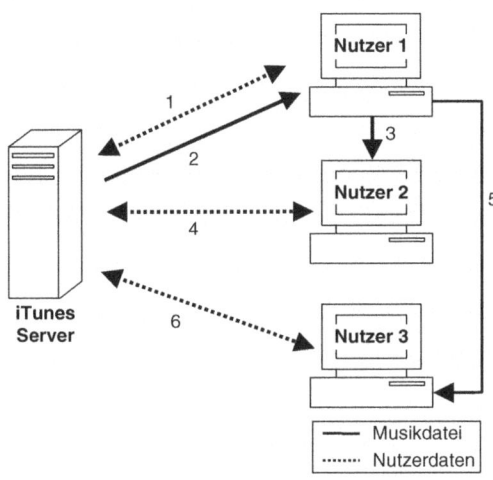

Abbildung 1.9: Gelockertes DRM bei Apple iTunes

Als besonderes Merkmal setzte Apple iTunes als erster Anbieter auf ein erweitertes und gelockertes Digital Rights Management mit dem Namen FairPlay. Dem Käufer einer Musikdatei ist es bei FairPlay möglich, den erworbenen Titel an ursprünglich zwei, später bis zu vier andere Nutzer kostenlos weiterzugeben. Die dabei ablaufenden Verarbeitungsschritte sind in Abbildung 1.9 dargestellt. FairPlay verwaltet hierzu zentral die Lizenzen zu jedem erworbenen Musiktitel. Wird ein Musiktitel nach dem Erwerb von iTunes-Nutzer 1 an einen anderen Nutzer weitergegeben, so muss dieser vor dem ersten Abspielen zunächst von FairPlay für das entsprechende Wiedergabegerät

Kopierbarkeit

autorisiert werden. Bei dieser Autorisierung wird zugleich die Anzahl der bereits erstellten Kopien geprüft.

1.5.4. Kopierbarkeit als Mehrwert

Der kommerzielle Erfolg von Apple iTunes widerlegt die These, dass kostenpflichtige Musikangebote den Tauschbörsen grundsätzlich unterlegen sind. Als möglicher Erfolgsfaktor wird im Folgenden die von Apple iTunes mit FairPlay erstmals angebotene Kopierbarkeit ökonomisch untersucht.

Modell Betrachten wir dazu einen Monopolisten, der über die Kopierbarkeit seiner digitalen Ware entscheiden kann. Vereinfachend sei angenommen, dass es sich bei dem Musiktitel um ein ideales digitales Gut ohne variable Produktionskosten handelt. Die Nachfrage habe für die Variante ohne Kopiermöglichkeit die Form $D(p) = 1 - p$. Der Monopolist maximiert seinen Gewinn und wählt wie in Abbildung 1.10 skizziert einen Preis von $p_1^* = 1/2$.

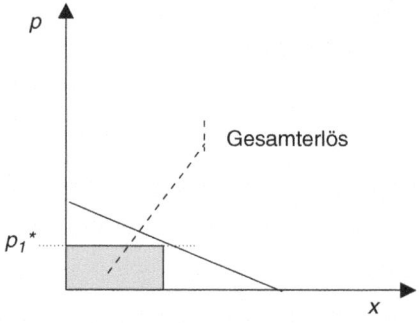

Abbildung 1.10: Monopolgewinn ohne Kopierbarkeit

Kopierbarkeit Alternativ kann der Monopolist eine begrenzte Kopierbarkeit einräumen, die den Käufern einen zusätzlichen Nutzen bietet und ihre Zahlungsbereitschaft erhöht. Es sei angenommen, dass die begrenzte Kopierbarkeit die Zahlungsbereitschaft jedes Nachfragers um den Faktor $(1 + k)$ erhöht. Damit kommt es zu der in Abbildung 1.11 mit dem Pfeil (1) dargestellten Drehung der Nachfragekurve um ihren Schnittpunkt mit der Abszisse des Koordinatensystems. Die neue Nachfragekurve lautet $D_1(p) = 1 - p/(1 + k)$.

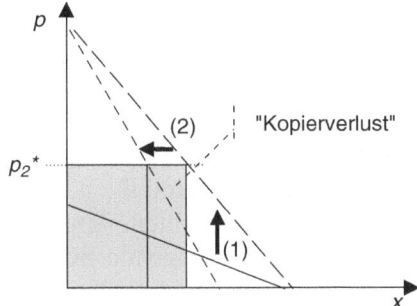

Abbildung 1.11: Monopolgewinn bei Kopierbarkeit

Dieser gestiegenen, unbereinigten Nachfrage steht eine Absatzeinbuße gegenüber, da einige potentielle Kunden eine kostenlose Kopie erhalten und das Produkt nicht kaufen. Es sei angenommen, dass durch diesen Effekt ein Teil r der unbereinigten Nachfrage verloren geht. Damit kommt es zu einer zweiten Drehung der Nachfragekurve um ihren Schnittpunkt mit der Ordinate des Koordinatensystems, die in Abbildung 1.11 mit dem Pfeil (2) bezeichnet ist. Die so bereinigte Nachfragekurve lautet $D_2(p) = (1 - r) D_1(p)$.

Der Nettoeffekt auf den Gewinn des Monopolisten hängt von dem Kopierbarkeitsmehrwert k und dem Absatzverlust r ab. In Abbildung 1.11 ist die Darstellung so gewählt, dass sich für den Monopolisten ein deutlicher Gewinnzuwachs ergibt. Der als Kopierverlust markierte Bereich ist der Konsumentenrente zuzurechnen und damit unter Wohlfahrtsaspekten profitabel.

Nettoeffekt

1.5.5. Entwicklungsperspektiven

Kopierbarkeit ist eine Produkteigenschaft, die dem Kunden einen Mehrwert bieten kann. Wie auch bei anderen Produkteigenschaften sind mit der Bereitstellung (Produktions-)Kosten verbunden, die hier in Form des Kopierverlustes auftreten. Kopierbarkeit ist damit nicht per se schlecht, sondern ein aktiv nutzbarer Gestaltungsparameter.

Die ersten kommerziellen Online-Angebote versuchten zunächst mit Hilfe eines restriktiven Digital Rights Management den klassischen Tonträgervertrieb weitgehend unverändert auf das Internet zu übertragen. Das so geschaffene Produkt war für die Konsumenten jedoch unattraktiv und zeigt, dass die Digitalisierung an sich keinen Mehrwert schafft. Eine erfolgreiche Digitalisierung der Musikindustrie erfordert jedoch genau diesen Mehrwert gegenüber den Konkurrenzprodukten, zu denen auch die Tauschbörsen für Musikdateien zählen. Apple iTunes unternahm als erstes Unternehmen grundlegende Schritte hin zu einem wettbewerbsfähigen Geschäftsmodell für den Online-Musikvertrieb. Das soeben betrachtete Modell zeigt, dass dem Aspekt der Kopierbarkeit bei dieser Neuausrichtung eine zentrale Bedeutung zukommen kann.

Zukunftsperspektiven

Ein anderer Ansatzpunkt zur Neugestaltung des Geschäftsmodells könnte darin bestehen, Musik von einer digitalen Ware zu einer digitalen Dienstleistung zu transformieren. Die Dienstleistung würde im einfachsten Fall darin bestehen, dem Kunden einen gewünschten Titel einmalig zum Anhören kostenpflichtig zur Verfügung zu stellen. Alternativ könnten auch andere Preismodelle eingesetzt werden, beispielsweise eine monatliche Gebühr für das Abspielen beliebiger Titel. Ein wichtiger technischer Aspekt besteht darin sicherzustellen, dass der Kunde die zum Abspielen übertragenen Musikdaten nicht in eine lokale Musikdatei zurück transformieren kann, die er dann zeitlich unbegrenzt kostenfrei nutzt und weiter verbreitet.

Die für ein derartiges, kopiergeschütztes Audio Streaming benötigten Technologien existieren bereits. Auch gibt es mittlerweile zahlreiche Anbieter, insbesondere Radiosender im Internet (sogenanntes *Internet Radio*), die diese Technologien nutzen. Kostenpflichtige Angebote in der skizzierten Form haben sich im Musikbereich derzeit jedoch noch nicht etabliert. Im Bereich der Videofilme gibt es demgegenüber schon seit einiger Zeit verschiedene Anbieter, die das Geschäftsmodell eines *Video on Demand* betreiben. Dies ist bemerkenswert, da das Video Streaming erheblich höhere Bandbreiten als ein Audio Streaming benötigt, die zudem im Privatbereich erst ansatzweise und nicht flächendeckend zur Verfügung stehen.

Ein Problem des Audio on Demand könnte gegenwärtig darin bestehen, dass Musik häufig auf mobilen Wiedergabegeräten genutzt wird, die derzeit noch nicht über eine kostengünstige Verbindung mit dem Internet verfügen.

1.6. Übungsaufgaben

1. Worin besteht das Vertrauensproblem bei digitalen Waren? Wie könnte es in der Praxis gelöst werden?

2. Welche charakteristischen Merkmale haben digitale Güter? Worin unterscheiden sich digitale Waren und Dienstleistungen?

3. Finden Sie weitere Beispiele für eine Digitalisierung von Waren und Dienstleistungen, sowie die Transformation von digitalen Waren zu digitalen Dienstleistungen.

4. Welche Probleme lassen sich durch eine Transformation zu digitalen Dienstleistungen vermeiden?

5. Worin besteht das Konzept von Software on Demand? Welche Chancen und Risiken sind damit verbunden?

6. Was ist der Unterschied zwischen kurzfristigem und langfristigem Marktgleichgewicht? Welche Auswirkungen kann eine Digitalisierung auf diese Gleichgewichte haben?

7. Betrachten Sie den Wandel von der klassischen Fotografie hin zur Digitalfotografie. Berücksichtigen Sie alle beteiligten Akteure, also unter anderem Kamerahersteller, Fotolabore und Internetplattformen für Fotos.

    a. Wo findet eine Digitalisierung oder Transformation statt?

    b. In welchen Bereichen könnten natürliche Monopole entstehen?

8. Der Softwareanbieter Winzigweich überlegt, seine Anwendungsprogramme in Zukunft als Software on Demand zu vermarkten. Das Unternehmen schätzt die Nachfragefunktion mit $D(p) = 100.000 - 500p$. Die variablen Stückkosten können vernachlässigt werden.

a. Berechnen Sie die erzielbare Gewinnsteigerung für den vereinfachten Fall von zwei Perioden bei einer Zeitpräferenz von $\delta = 0{,}9$.

b. Diskutieren Sie weitere Aspekte, die bei einer derartigen Umstellung zu berücksichtigen sind. Wie beurteilen Sie die Erfolgsaussichten der Produktumstellung?

9. Betrachten Sie das Modell zur Kopierbarkeit aus Abschnitt 1.5.4.

    a. Welchen Preis wählt der Monopolist für den Fall der begrenzten Kopierbarkeit in Abhängigkeit von k und r?

    b. Unter welcher Bedingung kommt es mit Einführung der Kopierbarkeit zu keiner Gewinnveränderung?

10. Wie hat sich der Einsatz von Digital Rights Management-Systemen im Musikmarkt seit der Einführung von Apple iTunes entwickelt? Recherchieren Sie.

11. Wie könnte der Musikmarkt in Zukunft aussehen? In welchen Branchen könnte eine ähnliche Entwicklung stattfinden?

2. Netzwerkgüter

Viele Waren und Dienstleistungen im Internet beinhalten die Interaktion mit anderen Anwendern desselben oder eines kompatiblen Gutes. Damit entstehen Netzwerke von Anwendern, denen große ökonomische Bedeutung zukommt. Der Wert eines solchen *Netzwerkgutes* hängt zumeist davon ab, wie weit es bei anderen Anwendern verbreitet ist. Ein einfaches Beispiel bildet die Dienstleistung eines elektronischen Marktplatzes wie eBay. Je mehr Teilnehmer sich auf einem Marktplatz einfinden, umso höher ist für den einzelnen Teilnehmer die Wahrscheinlichkeit, einen passenden Anbieter oder Nachfrager zu finden.

Der Wert eines Netzwerkgutes setzt sich aus dem *Synchronisationswert* und dem *Autarkiewert* zusammen. Der Synchronisationswert entsteht aus der Interaktion mit anderen Anwendern. Der Autarkiewert besteht demgegenüber unabhängig von anderen Nutzern, also auch falls keine weiteren Nutzer existieren. Ein *Netzwerkeffekt* liegt genau dann vor, falls sich der Synchronisationswert mit der Teilnehmerzahl des Netzwerkes verändert. Diese Veränderung kann sowohl positiv als auch negativ ausfallen. Ein *positiver Netzwerkeffekt* liegt vor, falls der Synchronisationswert durch weitere Teilnehmer erhöht wird. Dies kann aus einer erhöhten Erreichbarkeit oder Kompatibilität resultieren. *Negative Netzwerkeffekte* können beispielsweise bei der Überlastung eines Netzwerkes entstehen.

Netzwerkeffekte

Ein *reines Netzwerkgut* weist einen Autarkiewert von Null auf, es ist also ohne die Interaktion mit anderen Nutzern wertlos. Dies gilt für Elektronische Marktplätze, auf denen für eine Transaktion mindestens zwei Teilnehmer benötigt werden. Ein Textverarbeitungsprogramm ist dagegen kein reines Netzwerkgut, da es auch ohne die Möglichkeit des Dokumentenaustausches einen Nutzwert hat.

Reine Netzwerkgüter

2.1. Anwendungen und Architekturen

Viele Anwendungen im Internet beinhalten Netzwerkeffekte und zählen damit zu den Netzwerkgütern. Einige Beispiele sind

- Tauschnetze für Musikdateien (Napster, Gnutella),
- Instant Messaging Anwendungen (ICQ, AOL Instant Messenger),
- Anwendungen zum Dokumentenaustausch (Adobe Acrobat),
- Elektronische Zahlungssysteme (PayPal),
- Elektronische Marktplätze (eBay, Amazon),
- Wikis (Wikipedia) sowie
- Soziale Netzwerke (XING, MySpace).

2.1.1. Grundlegende Architekturtypen

Zentrale Architektur

Aus technischer Perspektive lassen sich für Netzwerkgüter zentrale, dezentrale und hybride Architekturen unterscheiden. Bei der in Abbildung 2.1 dargestellten zentralen Architektur wird das Netzwerkgut allen Nutzern von einem zentralen Knoten bereitgestellt. Zahlreichen Plattformen wie eBay, Wikipedia und MySpace verwenden diese Architektur. Den zentralen Knoten bildet ein Server, der von vielen Clients genutzt wird. Entsprechend wird dies auch als *Client-Server-Architektur* bezeichnet.

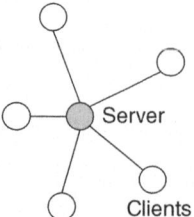

Abbildung 2.1: Client-Server-Architektur

2.1. Anwendungen und Architekturen

Alle Kommunikationsvorgänge erfolgen über den Server, der in der Regel von dem Anbieter des Netzwerkgutes betrieben wird. Der Anbieter hat damit weitgehende Kontrolle über das Netzwerk und kann seine Dienstleistung direkt gegenüber den Nutzern abrechnen. Neben diesen Vorteilen ist der zentrale Knoten auch eine Schwachstelle bezüglich der Ausfallsicherheit und Skalierbarkeit des Netzwerkes.

Dezentrale Architekturen bestehen demgegenüber wie in Abbildung 2.2 dargestellt aus gleichberechtigten Teilnehmern, den sogenannten *Peers*, und verzichten auf einen zentralen Server. In einem solchen *Peer-to-Peer* (P2P) -Netzwerk dient jeder Teilnehmer gleichzeitig als Server und als Client, ist also sowohl Anbieter als auch Nutzer von Diensten. Die Peers werden daher auch als Servents (SERVer und cliENTS) bezeichnet. Diese Architektur findet sich unter anderem bei Tauschnetzen wie Gnutella. Auch Anwendungen zum dezentralen Dokumentenaustausch wie Adobe Acrobat zählen dazu.

Dezentrale Architektur

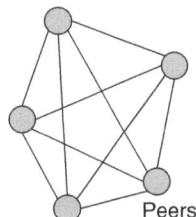

Abbildung 2.2: Peer-to-Peer-Netzwerk

Die dezentrale Organisation kann eine hohe Ausfallsicherheit und Skalierbarkeit bieten, wie dies auch beim Internet selbst der Fall ist. Darüber hinaus ist der Verzicht auf eine zentrale Kontrollinstanz für Tauschnetze von Musikdateien auch rechtlich von Bedeutung. Ein Nachteil dieser Architektur besteht darin, dass keine zentralen Verzeichnisse über die Teilnehmer und andere Ressourcen existieren. Ist beispielsweise ein Teilnehmer zu suchen, so müssen alle Peers einzeln angefragt werden. In zentralen Architekturen lässt sich dies demgegenüber durch nur eine Anfrage an ein Verzeichnis auf dem Server realisieren.

Einen Lösungsansatz bieten hybride Architekturen, die zentrale und dezentrale Architekturelemente miteinander verbinden. Ein Beispiel ist das in Abbildung 2.3 skizzierte Konzept

Hybride Architektur

des Tauschnetzes Napster. Bei Napster wurde auf einem zentralen Server ein Verzeichnis aller im Netzwerk verfügbaren Musikdateien verwaltet, in dem die Nutzer zentral suchen konnten. Der eigentliche Transfer der Dateien erfolgte dann dezentral zwischen den Teilnehmern.

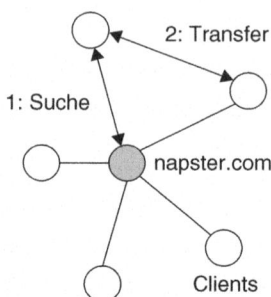

Abbildung 2.3: Hybride Architektur von Napster

Im Fall von Napster führten Klagen der Musikindustrie dazu, dass der zentrale Server abgeschaltet und damit das gesamte Netzwerk stillgelegt wurde. Mit diesen rechtlichen Problemen gewannen dann rein dezentrale Tauschnetze wie Gnutella an Bedeutung.

2.1.2. Architekturtyp und Produktform

Zentrale Architektur

Die Architektur eines Netzwerkgutes spiegelt sich auch in seiner Einteilung in Waren und Dienstleistungen wider. Abbildung 2.4 zeigt die Beziehungen zwischen Architekturtyp und Produktform auf. Bei zentralen Architekturen steht die Bereitstellung einer digitalen Dienstleistung durch den Server im Mittelpunkt. Für die Nutzung der Dienstleistung wird auf dem Rechner des Anwenders zudem ein geeignetes Client-Programm benötigt. Hierbei handelt es sich in dem meisten Fällen um Standardsoftware, die nicht vom Dienstanbieter selbst bereitgestellt wird. Viele Anbieter wie eBay und Amazon stellen ihre Dienstleistung über eine Web-Applikation zur Verfügung, die der Anwender gegen Gebühr mit einem normalen Webbrowser nutzen kann.

Dezentrale Architektur

Dezentrale Architekturen basieren demgegenüber auf der Bereitstellung einer digitalen Ware. Hier benötigt jeder Teilnehmer eine spezielle Software, die auf dem Rechner des Anwenders installiert wird. Dieses Programm kann der Anbieter über das Internet kostenpflichtig vertreiben. Der Anbieter hat hier keine direkte Kontrolle über das mit seiner Software geschaffene Netzwerk und stellt selbst keine digitalen Dienstleistungen bereit. Ein Beispiel ist die von der Firma Adobe angebotene Software Adobe Acrobat, mit der Dokumente im *Portable Document Format* (.pdf-Format) erstellt und zwischen den Nutzern der Software ausgetauscht werden können.

	digitale Ware	digitale Dienstleistung
Zentrale Architektur	zumeist Standardsoftware	ja
Dezentrale Architektur	ja	nein
Hybride Architektur	ja	ja

Abbildung 2.4: Architekturtyp und Produktform

Hybride Architekturen verbinden die Merkmale der beiden vorhergehenden Konzepte und umfassen damit die Bereitstellung von sowohl einer digitalen Ware als auch einer digitalen Dienstleistung. Der Anwender benötigt hier eine spezielle Client-Software, die sowohl Netzwerkdienste des Anbieters nutzt als auch zur direkten Kommunikation mit anderen Teilnehmern dient, wie dies bei dem Tauschnetz Napster der Fall war. Für den Anbieter besteht dabei die Möglichkeit, Ware und Dienstleistung in die Preisgestaltung einzubeziehen. So können der Autarkiewert der digitalen Ware durch den einmaligen Verkauf und der Synchronisationswert nutzungsbezogen als Gebühr für die digitale Dienstleistung abgeschöpft werden.

Hybride Architektur

2.2. *Netzwert und Zahlungsbereitschaft*

Mit der Teilnehmerzahl eines Netzwerkes steigt die Anzahl der realisierbaren Verbindungen. Falls jede Verbindung einen positiven Wert hat, so nehmen mit der Teilnehmerzahl auch der Wert des Netzes und in der Regel auch die Zahlungsbereitschaft seiner Nutzer zu. Der konkrete Zusammenhang zwischen der Zahl der Teilnehmer und der Anzahl der realisierbaren Verbindungen hängt vom *Anwendungstyp* ab.

2.2.1. Anwendungstypen

Es lassen sich drei grundsätzliche Anwendungstypen unterscheiden:

- Broadcast Anwendungen
- Bilaterale Kommunikation
- Virtuelle Gemeinschaften

Sarnoff's Law — Bei den *Broadcast Anwendungen* existieren eine kleine Anzahl von Sendern n_s und viele Empfänger n_e, wie dies bei Nachrichtenmagazinen im Internet der Fall ist. In diese Kategorie fallen auch der Host-Terminal-Betrieb von Computern sowie klassische Radio- und Fernsehsender. Die Anzahl der realisierbaren Verbindungen $n = x_s x_e$ nimmt bei diesem Anwendungstyp linear in der Anzahl der Sender und Empfänger zu. Der lineare Zusammenhang zwischen der Zahl der Empfänger und dem Netzwert wird auch als *Sarnoff's Law* bezeichnet, dessen Namensgeber David Sarnoff in den USA ein Wegbereiter des kommerziellen Rundfunks war.

Metcalfe's Law — Bei der *bilateralen Kommunikation* steht die Interaktion zwischen jeweils zwei Teilnehmern im Mittelpunkt, wie dies bei E-Mail der Fall ist. Im Rahmen einer unidirektionalen Kommunikation ergeben sich bei x Teilnehmern insgesamt $n = x(x - 1) \approx x^2$ mögliche Verbindungen. Der Wert des Netzes nimmt damit näherungsweise quadratisch mit der Teilnehmerzahl zu. Dieser Zusammenhang wird auch als *Metcalfe's Law* bezeichnet und wurde ursprünglich von Robert Metcalfe für das Ethernet formuliert. Es wird oft als theoretische Erklärung für den Erfolg des Internet angeführt. Die Anzahl der möglichen Verbindungen halbiert sich, falls eine bidirektionale anstelle einer unidirektionalen Kommunikation betrachtet wird.

Reed's Law — Bei den *virtuellen Gemeinschaften* liefert das Netzwerk die Grundlage für die Bildung von themenzentrierten Gruppen. Eine klassische Internet-Anwendung dieses Typs sind die Newsgroups, in denen die Nutzer innerhalb einer Themenhierarchie entsprechend ihrer Interessen miteinander kommunizieren. Im Rahmen des sogenannten Web 2.0 findet dies in ähnlicher Weise auf den verschiedenen Plattformen für soziale

Netzwerke wie MySpace, Facebook und Xing statt. Die möglichen Verbindungen bestehen bei diesem Anwendungstyp in der Anzahl der Gruppen $n = 2^x$, die sich bei x Teilnehmern bilden lassen. Der Wert des Netzwerkes nimmt hier exponentiell mit der Teilnehmerzahl zu. Dieser Zusammenhang wird auch als *Reed's Law* (Reed 2009) bezeichnet.

2.2.2. Wachstumsdynamik

Die drei Anwendungstypen zeigen unterschiedliche Abhängigkeiten zwischen der Teilnehmerzahl und der Anzahl der möglichen Verbindungen. Daraus ergeben sich auch für den Wert der Netzwerke drei charakteristische Wachstumsverläufe, die einen Interpretationsansatz für die Entwicklungsphasen des Internet bieten.

Für den direkten Vergleich sei angenommen, dass sich die Anwendungstypen hinsichtlich der Wahrscheinlichkeit, dass eine mögliche Verbindung auch tatsächlich benötigt und genutzt wird sowie im Wert einer solchen Verbindung unterscheiden. Die möglichen Verbindungen sind dazu in Abhängigkeit des Anwendungstyps mit einem Faktor a (Sarnoff) $> b$ (Metcalfe) $> c$ (Reed) bewertet. Für die Broadcast Anwendungen sei die Anzahl der Empfänger bei einer fixen Senderanzahl betrachtet. Abbildung 2.5 zeigt für die Anwendungstypen exemplarisch den Verlauf des Netzwertes in Abhängigkeit der Teilnehmerzahl.

Vergleich

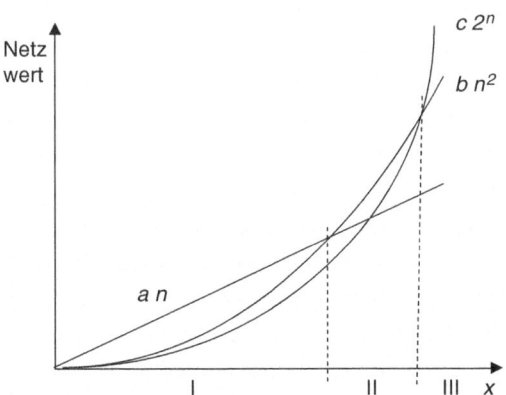

Abbildung 2.5: Anwendungstyp und Netzwert

Netzwert und Zahlungsbereitschaft

Die Netzgröße, gemessen an der Teilnehmeranzahl x, lässt sich anhand der Schnittpunkte der drei Kurven in drei Teilbereiche gliedern. In Bereich I dominiert zunächst der Wert der Broadcast Anwendungen. Mit zunehmender Teilnehmerzahl weist dann die bilaterale Kommunikation in Bereich II den höchsten Wert auf. In Bereich III sind dies dann schließlich die virtuellen Gemeinschaften. Mit zunehmender Netzgröße verändert sich also der hinsichtlich des Netzwertes dominierende Anwendungstyp.

Alternativ lässt sich auch der Netzwert pro Teilnehmer für die drei Anwendungstypen vergleichen. Diese Größe spiegelt die Zahlungsbereitschaft $v(x)$ eines einzelnen Nachfragers in Abhängigkeit der Netzgröße wieder. Analog zum zuvor betrachteten Netzwert zeigen sich in Abbildung 2.6 für die drei Anwendungstypen ebenfalls unterschiedliche Verläufe. Die Schnittpunkte der Kurven sind in Bezug auf die Bereichsbildung identisch mit der vorhergehenden Betrachtung.

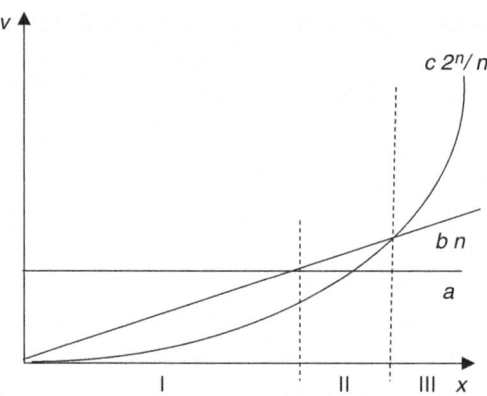

Abbildung 2.6: Netzwert pro Teilnehmer

Betrachtet man bei Broadcast Anwendungen nur die Empfängerseite, so ist die Zahlungsbereitschaft unabhängig von der Teilnehmerzahl. Bei den anderen Anwendungstypen findet demgegenüber ein Zuwachs statt, der bei bilateraler Kommunikation linear und bei virtuellen Gemeinschaften sogar exponentiell ausfällt.

2.2.3. Entwicklungsphasen des Internet

Die dargestellte Bereichsbildung lässt sich als ein Phasenmodell für die Entwicklung des Internet interpretieren. Mit dem Wachstum des Internet stieg seine Teilnehmerzahl und es wurden neue Anwendungstypen erfolgreich und profitabel. Tatsächlich ist in der Praxis des Internet ein Wandel von Broadcast Anwendungen wie dem File-Transfer-Protocol (FTP) und Telnet, über die bilaterale Kommunikation im Rahmen von E-Mail und Instant Messaging hin zu virtuellen Gemeinschaften in Form sozialer Netzwerke zu verzeichnen. Anderseits lassen sich jedoch auch einige Anwendungen nicht passend einordnen. So waren Newsgroups als eine Form virtueller Gemeinschaften schon früh erfolgreich.

Phasenmodell

2.3. Markteinführung eines Netzwerkgutes

Die Abhängigkeit des Netzwertes von der Teilnehmerzahl hat große Bedeutung bei der Markteinführung neuer Netzwerkgüter. Mit dem Netzwert verändert sich auch die Zahlungsbereitschaft der Nachfrager, und es ergeben sich direkte Implikationen für die anbieterseitige Preissetzung und die nachfragerseitige Kaufentscheidung. Im Folgenden werden diese Zusammenhänge aus der Perspektive eines Monopolisten betrachtet.

2.3.1. Wachstumspfad

In Abbildung 2.7 ist ein stilisierter Verlauf der Zahlungsbereitschaft $v(x)$ eines Nachfragers in Abhängigkeit der Netzgröße x dargestellt. Ausgehend vom Autarkiewert v_{Aut} nimmt die Zahlungsbereitschaft aufgrund positiver Netzwerkeffekte zunächst zu. Der lineare Verlauf orientiert sich in diesem Bereich an dem in Abschnitt 2.2.1 erläuterten Anwendungstyp bilaterale Kommunikation. Bei weiterem Wachstum treten dann durch Überlastung auch negative Netzwerkeffekte hinzu, sodass die Zahlungsbereitschaft zunächst langsamer wächst und bei x_w

Stilisierter Verlauf

das Maximum v_{max} erreicht. Im weiteren Verlauf dominieren die negativen Netzwerkeffekte und die Zahlungsbereitschaft nimmt ab.

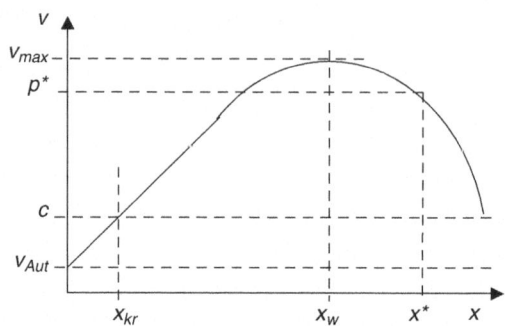

Abbildung 2.7: Netzgröße und Zahlungsbereitschaft

Dynamik

Vereinfachend sei angenommen, dass alle Nachfrager dieselbe Zahlungsbereitschaft $v(x)$ haben. Die Nachfragemenge ist potentiell unbeschränkt und wächst, solange der vom Monopolisten geforderte Preis p die Zahlungsbereitschaft $v(x)$ nicht übersteigt. Der in Abbildung 2.7 dargestellte Verlauf gibt damit einen Wachstumspfad vor, den der Anbieter durch seine Preissetzung beeinflussen kann.

2.3.2. Preisstrategie

Optimale Netzgröße

Eine einfache Preisstrategie des Monopolisten besteht darin, dem Wachstumspfad mit einem Angebotspreis von $p = v(x)$ zu folgen, bis der für ihn gewinnmaximale Punkt erreicht ist. Zunächst führt der Monopolist das Netzwerkgut zum Autarkiewert v_{Aut} in den Markt ein. Sind die variablen Stückkosten c wie im Beispiel größer als der Autarkiewert v_{Aut}, so werden bis zum Erreichen des Preises $p = c$ und damit bis zur kritischen Netzgröße x_{kr} negative Deckungsbeiträge erwirtschaftet. Im weiteren Verlauf steigt der Preis dann zunächst bis $p = v_{max}$ an und nimmt dann wieder ab. Das Gewinnmaximum ist im Punkt (p^*, x^*) erreicht und beträgt

$$\pi^* = max_x \, (v(x) - c) \, x.$$

Der Monopolist zielt damit auf eine Netzgröße $x^* > x_w$ im Bereich der fallenden Zahlungsbereitschaften und nimmt eine begrenzte Überlastung seines Netzwerkes in Kauf.

Bei der Markteinführung eines Netzwerkgutes anhand der dargestellten Preisstrategie ergibt sich eine intertemporale Preisdifferenzierung mit in der Anfangsphase zunehmenden Preisen. Die anfängliche Wachstumsphase des Netzwerkes geht dabei typischerweise mit geringen Erlösen für den Monopolisten einher. Die Idee der *Penetrationsstrategie* besteht darin, dass Wachstum durch besonders niedrige Preise $p \ll v(x)$ zu beschleunigen. Die dabei in der Wachstumsphase auftretenden Einnahmeverluste sollen durch das schnellere Wachstum und spätere Mehrerlöse kompensiert werden.

Penetrationsstrategie

2.3.3. Kopierbarkeit von Netzwerkgütern

Bei Netzwerkgütern handelt es sich im Internet oft um Anwendersoftware wie das Programmpaket Adobe Acrobat zum Dokumentenaustausch. Als digitale Ware sind auch Netzwerkgüter dem Problem des Raubkopierens ausgesetzt, dem mit Kopierschutzverfahren begegnet werden kann. Ein derartiger Kopierschutz ist in der Praxis jedoch typischerweise unvollständig und für den Anwender unkomfortabel. Eine grundsätzliche Lösung für dieses Problem bietet die Transformation der digitalen Ware zu einer digitalen Dienstleistung, mit der jedoch auch eine Veränderung des Architekturtyps einhergeht.

Die Kopierbarkeit von Netzwerkgütern kann auch positive Effekte für den Anbieter beinhalten. Kopierbarkeit ist eine Produkteigenschaft, die dem Kunden einen Mehrwert bietet und damit seine Zahlungsbereitschaft erhöht. Dem Absatzverlust steht damit ein Kopierbarkeitsmehrwert gegenüber. Wie bereits in Abschnitt 1.5.4 zu digitalen Nutzungsrechten ausführlich analysiert wurde, kann der resultierende Nettoeffekt in Abhängigkeit der Nachfragesituation auch positiv ausfallen.

Positive Effekte

Im Kontext von Netzwerkgütern tritt als weiterer Aspekt hinzu, dass auch die kopierten Produkte das Netzwerk vergrößern. Bei positiven Netzwerkeffekten steigt die Zahlungsbereitschaft der Nachfrager mit der Netzgröße, zu der auch die Raubkopien beitragen. Die durch die Raubkopien erhöhte Zahlungsbereitschaft kann der Monopolist durch höhere Preise abschöpfen.

Die Kopierbarkeit erhöht die Zahlungsbereitschaft der Nachfrager damit sowohl direkt als Produkteigenschaft als auch indirekt über die erhöhte Netzgröße.

Absatzverluste Als ein wesentliches Problem von Raubkopien wird oft ein daraus resultierender Absatzverlust genannt. Dabei ist jedoch zu berücksichtigen, dass nicht jede Kopie zwangsläufig mit einem Absatzverlust einhergeht. Wird die Kopie von einem Anwender genutzt, dessen Zahlungsbereitschaft kleiner als der Angebotspreis ist, der also das Produkt ohne Kopierbarkeit nicht käuflich erworben hätte, so resultiert auch kein Verlust. Der Gewinn bei positiven Netzwerkeffekten besteht demgegenüber immer.

Gesamtbewertung Für eine wirtschaftliche Gesamtbewertung von Raubkopien sind damit auch erhebliche positive Effekte zu berücksichtigen. Der in diesem Kontext oft anhand von geschätzten Raubkopien und Verkaufspreis bezifferte wirtschaftliche Schaden stellt dabei nur eine theoretische Schadensobergrenze dar. In der Praxis können Raubkopien auch zur Verbreitung von Softwareprodukten beitragen und ihren Anbietern zu einer marktbeherrschenden Position verhelfen.

2.4. Wettbewerb zwischen Netzwerken

Netzwerkeffekte haben strategische Bedeutung im Wettbewerb zwischen Anbietern. Durch eine gezielte Produktgestaltung, beispielsweise hinsichtlich der Kompatibilität zu Konkurrenzangeboten, lassen sich Netzwerkeffekte beeinflussen und Wettbewerbsvorteile erzielen. Die für den einzelnen Anbieter beste Strategie hängt dabei wesentlich von den Eigenschaften des Produktes sowie dem Marktumfeld ab. Im Folgenden werden diese Aspekte an einem Modell zweier konkurrierender Anbieter eines Netzwerkgutes diskutiert (Peters 1997).

2.4.1. Basismodell und Monopolbildung

Modell Der betrachtete Markt besteht aus einer großen Zahl von Konsumenten, die sich jeweils für genau eines der beiden angebotenen Netzwerkgüter entscheiden. Zur Vereinfachung ist die Gesamtmenge der Nachfrager auf den Wert 1 normiert. Das

Netzwerk von Anbieter 1 hat die Größe $x \in [0, 1]$ und das Netz 2 entsprechend die Größe $1 - x$.

Beide Anbieter offerieren ein Netzwerkgut vom Anwendungstyp bilaterale Kommunikation. Der Netzwerkeffekt basiert also auf einer paarweisen Interaktion der Teilnehmer. Bei dem Netzwerkgut kann es sich beispielsweise um Telefongespräche in Mobilfunknetzen, den Dokumentenaustausch zwischen Textverarbeitungssystemen oder Überweisungen in elektronischen Zahlungssystemen handeln. Die Auswahl der Interaktionspartner erfolgt zufällig im Rahmen eines *random matching* und unabhängig von ihrer Netzzugehörigkeit. Entsprechend trifft ein Nutzer von Produkt 1 bei seiner nächsten Interaktion mit den Wahrscheinlichkeiten x auf einen Teilnehmer seines Netzes und mit $1 - x$ auf einen Teilnehmer von Netz 2.

Die Teilnehmer erhalten in jeder Interaktion eine Auszahlung in Abhängigkeit ihrer Produkte. In der Praxis ergibt sich diese Auszahlung aus dem Wert der Interaktion und den damit verbundenen Kosten. Beide Produkte bieten eine ähnliche Funktionalität, sind miteinander jedoch nur teilweise kompatibel. Treffen zwei Teilnehmer desselben Netzwerkes aufeinander, so bestehen keine Kompatibilitätsprobleme und beide Teilnehmer erhalten eine Auszahlung entsprechend der Effizienz e_i des jeweiligen Produktes. Interagieren demgegenüber Teilnehmer unterschiedlicher Netze, so entstehen Kompatibilitätsprobleme und die Auszahlungen sind geringer. In einer netzübergreifenden Interaktion erhält der Teilnehmer von Netz 1 die Kompatibilitätsauszahlung $k_{1,2}$ und der andere Teilnehmer entsprechend $k_{2,1}$. Die Auszahlungen in Abhängigkeit der Netzzugehörigkeit sind in Abbildung 2.8 dargestellt.

Effizienz und Kompatibilität

		B	
		Netz 1	Netz 2
A	Netz 1	e_1	$k_{1,2}$
	Netz 2	$k_{2,1}$	e_2

Abbildung 2.8: Auszahlungsmatrix

Die erwartete Auszahlung eines Teilnehmers hängt von seiner Netzzugehörigkeit und den Marktanteilen beider Anbieter entsprechend der Marktkonstellation x ab. Für einen Teilnehmer

Erwartete Auszahlungen

von Netzwerk 1 beträgt diese auch als Fitness bezeichnete, erwartete Auszahlung

$$f_1(x) = xe_1 + (1-x)k_{1,2},$$

für einen Teilnehmer von Netzwerk 2 entsprechend

$$f_2(x) = (1-x)e_2 + xk_{2,1}.$$

Im Weiteren sei angenommen, dass die Effizienz eines Netzes größer als seine Kompatibilität zu dem jeweils anderen Netz ist, dass also $e_1 > k_{1,2}$ und $e_2 > k_{2,1}$ gilt. Damit liegen in beiden Netzwerken positive Netzwerkeffekte vor. Abbildung 2.9 illustriert dies anhand eines exemplarischen Verlaufs der erwarteten Auszahlungen f_1 und f_2.

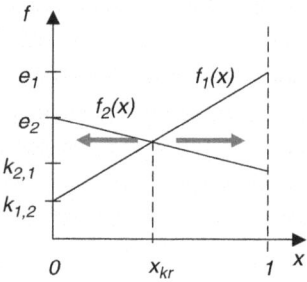

Abbildung 2.9: Erwartete Auszahlungen

Dynamik

Falls den Nachfragern beim Wechsel des Anbieters keine Kosten entstehen, so treten sie kontinuierlich zu dem aktuell profitableren Netzwerk über. Liegt die aktuelle Marktkonstellation x beispielsweise rechts von dem Schnittpunkt x_{kr}, so wechseln die Teilnehmer kontinuierlich zu Anbieter 1. Am Endpunkt dieses Selektionsprozesses steht dann das Monopol eines Anbieters.

2.4.2. Stabilität und Markteintrittsbarriere

Die Lage des Schnittpunktes x_{kr} ist von großer Bedeutung für den Wettbewerb zwischen den Anbietern. Je weiter der Schnittpunkt von der Monopolposition eines Anbieters entfernt ist, desto größer ist der Einzugsbereich, in dem der Markt zu seinem Monopol konvergiert. Aus der Perspektive des Monopolisten bildet der Einzugsbereich eine Markteintrittsbarriere, die ein neu in den Markt eintretender Konkurrent erfolgreich überwinden muss.

Für die Anbieter besteht damit der Anreiz, die eigene Stabilität durch die gezielte Gestaltung von Effizienz und Kompatibilität ihres Produktes möglichst groß zu wählen. Für Anbieter 1 liegt das Monopol an der Position $x = 1$ und seine Stabilität beträgt entsprechend $\varepsilon_1 = (1 - x_{kr})$. Der Schnittpunkt x_{kr} liegt an der Stelle $f_1(x) = f_2(x)$ und es ergibt sich die Stabilität

$$\varepsilon_1 = (e_1 - k_{2,1})/(e_1 + e_2 - k_{1,2} - k_{2,1}).$$

Gerichtete Kompatibilität

Die Stabilität von Anbieter 1 nimmt mit der Effizienz e_1 des eigenen Produktes zu und fällt mit der Effizienz e_2 des Konkurrenzproduktes. Hinsichtlich der Kompatibilität steigt die Stabilität mit $k_{1,2}$ und nimmt mit $k_{2,1}$ ab. Im Fall eines Mobilfunkanbieters könnte eine entsprechende Kompatibilitätsstrategie darin bestehen, zum einen Gespräche in das fremde Netz günstig anzubieten, und zum anderen Gespräche aus dem fremden Netz zu verteuern.

Diese Kompatibilitätsstrategie setzt voraus, dass die Teilnehmer einer netzübergreifenden Interaktion in Abhängigkeit ihrer Netzzugehörigkeit unterschiedlich behandelt werden können. Ist die Kompatibilität demgegenüber eine ungerichtete Größe $k = k_{1,2} = k_{2,1}$ so ergibt sich als Stabilität für Anbieter 1 der Ausdruck

$$\varepsilon_1' = (e_1 - k)/(e_1 + e_2 - 2k).$$

Ungerichtete Kompatibilität

Die Stabilität ε_1' nimmt genau dann mit der Kompatibilität k zu, falls das Produkt des Monopolisten effizienter als das seines Konkurrenten ist, falls also $e_1 > e_2$ gilt. In diesem Fall sollte der Monopolist daher eine hohe Kompatibilität anstreben. Ist demgegenüber das Produkt des Konkurrenten effizienter, so kann der Monopolist durch Inkompatibilität seine Stabilität erhöhen.

Ein interessanter Spezialfall besteht bei vollkommener Kompatibilität. Ohne Kompatibilitätsprobleme gilt $e_1 = k_{1,2}$ und $e_2 = k_{2,1}$. Die Auszahlung eines Teilnehmers beträgt damit unabhängig von seinem Interaktionspartner $f_i(x) = e_i$. In diesem Fall bestehen keine Netzwerkeffekte und ausschließlich die Effizienz der Produkte entscheidet über den Erfolg der Konkurrenten.

Vollkommene Kompatibilität

2.4.3. Installed Base und First Mover Advantage

Das dargestellte Wettbewerbsszenario hängt eng mit den Konzepten der Installed Base und des First Mover Advantage zusammen. Erfolgt der Markteintritt mehrerer Anbieter sequentiell, so besitzt der erste Anbieter bei Markteintritt eines zweiten Anbieters in der Regel bereits ein eigenes Netzwerk. Diese *Installed Base* kann für den Konkurrenten eine Markteintrittsbarriere darstellen, deren Überwindung zusätzliche Kosten verursacht und den Markteintritt damit unprofitabel macht. Der zeitlich bedingte Wettbewerbsvorteil des ersten Anbieters wird auch als *First Mover Advantage* bezeichnet.

Die Größe der Installed Base bei Eintritt des potentiellen Konkurrenten hängt wesentlich von der Wachstumsgeschwindigkeit des Netzwerkes ab. In diesem Zusammenhang kann dem Erstanbieter eine Penetrationsstrategie mit geringen Angebotspreisen dazu dienen, nach einer Produktinnovation möglichst schnell eine hohe Markteintrittsbarriere aufzubauen, um das Monopol damit gegen Konkurrenten zu verteidigen.

Der First Mover Advantage besteht allerdings nur im Fall eines anbieterspezifischen Netzwerks, das der neu hinzugetretene Konkurrent nicht gleichberechtigt mitbenutzen kann. Dies ist genau dann der Fall, falls die Konkurrenzprodukte zumindest teilweise inkompatibel sind. Bei vollkommener Kompatibilität bestehen kein First Mover Advantage und keine Markteintrittsbarrieren.

2.4.4. Wechselkosten und Lock-In Effekt

Für den Konsumenten ist ein Wechsel des Netzwerkes oft mit Kosten verbunden. Derartige *Wechselkosten* (engl. *Switching Costs*) lassen sich von Seiten der Anbieter gezielt einsetzen, um die Nachfrager an das eigene Produkt zu binden und Markteintrittsbarrieren aufzubauen. Diese Bindung von Nachfragern an einen speziellen Anbieter wird auch als *Lock-In* bezeichnet. In der Praxis findet man dies beispielsweise in der Form von

- Anschlussgebühren und langfristigen Verträgen,
- Mengenrabatten sowie
- proprietären Datenformaten,

die einen Anbieterwechsel erschweren. Die Wechselkosten können in einer Vertragsstrafe bei vorzeitiger Kündigung, dem Verzicht auf Mengenrabatte und dem Aufwand einer Konvertierung oder Neuerfassung von Anwendungsdaten bestehen.

Die Auswirkungen von Wechselkosten lassen sich an dem zuvor betrachteten Marktszenario aufzeigen. Angenommen, der Anbieter 1 erhebt zusätzliche Wechselkosten, die beim Verlassen seines Netzwerkes entstehen. Für die Teilnehmer seines Netzes reduziert sich damit zumindest bei kurzfristiger Betrachtung die erwartete Auszahlung bei einem Netzwechsel zu Anbieter 2. In Abbildung 2.10 ist dies durch eine Verschiebung der Gerade f_2 dargestellt. Die Verschiebung ist nur für die Teilnehmer von Netzwerk 1 wirksam.

Beispiel

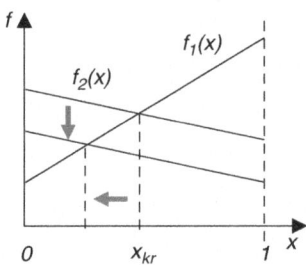

Abbildung 2.10: Wechselkosten und Stabilität

Mit den Wechselkosten verlagert sich für die Teilnehmer von Netzwerk 1 auch der Schnittpunkt x_{kr}. Dem Anbieter gelingt es damit, seine Stabilität mithilfe der Wechselkosten zu erhöhen.

Analog zu den Wechselkosten kann ein Konkurrent auch Subventionen für den Wechsel in das eigene Netz anbieten. Dies findet sich in der Praxis beispielsweise in der Form von kostenlosen Startguthaben oder einmaligen Gebührenerlassen wieder. Die Subventionsstrategie führt typischerweise dazu, dass Neukunden gegenüber Altkunden besser gestellt werden. In Abbildung 2.10 würde eine Subvention seitens Anbieter 2 in Höhe der von Anbieter 1 erhobenen Wechselkosten dazu führen, dass die Gerade f_2 in ihre ursprüngliche Position zurückverschoben wird. Mit einer noch höheren Subvention könnte sich Anbieter 2 sogar einen Wettbewerbsvorteil gegenüber dem Ausgangsszenario verschaffen.

Subventionen

2.4.5. Standardisierung und Kompatibilität

Ein bedeutendes Element im Wettbewerb zwischen Netzwerkgütern bilden technische Standards und Normen. Derartige Standards bieten eine einheitliche Regelung für ein abgegrenztes, technisches Aufgabengebiet. Im Internet findet man Standards beispielsweise im Bereich der Anwendungsprotokolle. Anwendungen wie E-Mail und das World Wide Web basieren auf standardisierten Protokollen, die die Kompatibilität der Produkte unterschiedlicher Anbieter gewährleisten.

Eine vollständige Standardisierung impliziert, dass zwischen den konkurrierenden Netzwerkgütern keine Kompatibilitätsprobleme bestehen. Für das zuvor betrachtete Basismodell liegt dann der Fall vollkommener Kompatibilität vor. Es existieren kein netzwerkbezogener First Mover Advantage, keine Markteintrittsbarrieren und der Wettbewerb basiert allein auf der Effizienz der konkurrierenden Produkte. Den Standards selbst wie auch den an ihrer Entstehung beteiligten Standardisierungsprozessen und -gremien kommt damit große Bedeutung in der Organisation des Marktwettbewerbs zu.

Merkmale In der Praxis finden sich Standards in unterschiedlichen Formen, die sich hinsichtlich der

- Zugänglichkeit der Spezifikation,
- Vollständigkeit,
- Lizenzkosten,
- Zertifizierungsmöglichkeit,
- Erweiterbarkeit und
- Mitwirkungsmöglichkeiten

unterscheiden.

Offene Standards Eine Variante bilden sogenannte *offene Standards*, wie sie im Internet weit verbreitet sind. Derartige Standards sind vollständig und kostenfrei zugänglich sowie lizenzfrei nutzbar. Der Erfolg des Internet beruht maßgeblich auf solchen offenen Standards sowie einem öffentlichen Standardisierungsprozess. So sind alle Internet-Standards in sogenannten Request for Comments (RFCs) festgehalten und frei verfügbar. Auch der Standardisierungsprozess selbst ist als eigener Standard (RFC 2026) definiert und bietet für praktisch Jedermann die Möglichkeit, an der Entwicklung und Erweiterung neuer Technologien mitzuwirken.

Offene Standards führen nicht zwingend zu vollständiger Kompatibilität. So kann ein Anbieter Wettbewerbsvorteile erzielen, indem er sein Produkt über den Standard hinaus um herstellerspezifische Funktionen erweitert. Ein Beispiel ist die Konkurrenz der Unternehmen Netscape und Microsoft um den Markt für Webbrowser. Im Mittelpunkt dieses oft als Browser War bezeichneten Wettbewerbs im Zeitraum von 1995 bis 1998 standen die für die Gestaltung von Webseiten grundlegenden Technologien HTML und ECMA-Script. Obwohl diese Technologien im Rahmen offener Standards definiert sind, entwickelten die Anbieter kontinuierlich zusätzliche Funktionen, die über die Standards hinausgingen. Das Ziel bestand darin, die Autoren von Webseiten zur Nutzung dieser *proprietären Funktionen* zu bewegen, mit der Folge, dass sich diese Webseiten nur mit dem entsprechend erweiterten Webbrowser anzeigen lassen. Die proprietären Erweiterungen stellen dabei den gezielten Aufbau einer gerichteten Kompatibilität dar. Am Ende des Browser War hatte der Microsoft Internet Explorer den Netscape Navigator vom Markt verdrängt.

Proprietäre Standards sind im Gegensatz zu offenen Standards das Eigentum eines Anbieters. Sie sind typischerweise nur in dem Umfang zugänglich, wie dies den Zwecken ihres Eigentümers dient. Ein Netzmonopolist kann seine Technologie beispielsweise geheim halten, um sich vor kompatiblen Konkurrenzprodukten zu schützen. Alternativ ist auch möglich, den Standard anderen Anbietern kostenpflichtig zur Verfügung zu stellen und den Wert der Installed Base anhand einer Lizenzgebühr abzuschöpfen.

Proprietäre Standards

Um einen proprietären Standard im Markt zu etablieren, benötigt ein Anbieter zumeist erhebliche Marktmacht. Oft erfolgt dies durch einen Netzmonopolisten, dessen Technologie aufgrund seiner marktbeherrschenden Stellung einen sogenannten *de-fakto Standard* bildet. Eine andere Verbreitungsstrategie besteht darin, die Konkurrenten durch eine teilweise Offenlegung zur Nutzung des eigenen Standards zu bewegen, und dennoch eine weitgehende Kontrolle zu behalten. Ein Beispiel ist das Portable Document Format (.pdf) des Softwareanbieters Adobe. Das im Rahmen des Programmpaketes Adobe Acrobat entwickelte Datenformat war zunächst rein proprietär. Es wurde dann aber im Laufe der Zeit weitgehend offengelegt und teilweise von der ISO normiert, wobei die Patente weiterhin bei dem Unternehmen Adobe liegen.

2.5. Free Riding im Internet

Probleme im Internet

Neben positiven Netzwerkeffekten treten in vielen Bereichen des Internet auch negative Netzwerkeffekte auf. Ein Beispiel ist der als Spamming bekannte, missbräuchliche Massenversand von E-Mails. Jeder Versender von Spam-Mail verursacht bei allen Teilnehmern zusätzliche Kosten und reduziert damit den Synchronisationswert des Netzwerkdienstes. Eine ähnliche Situation tritt in P2P-Tauschnetzen auf. Hier agieren die Teilnehmer üblicherweise sowohl als Anbieter als auch als Nachfrager von Dateien. Das Herunterladen von Dateien ist für die Nachfrager zumeist kostenlos, belastet jedoch sowohl das von allen Teilnehmern genutzte Netzwerk als auch den Rechner des jeweiligen Anbieters.

Beide Problembereiche besitzen eine hohe Praxisrelevanz. So nimmt der Versand von Spam-Mail kontinuierlich zu und hat nach verschiedenen Schätzungen einen Anteil von ungefähr 90% am Gesamtvolumen aller E-Mails erreicht. Sowohl das Datenvolumen selbst als auch der daraus resultierende Bearbeitungsaufwand erzeugen so hohe Kosten, dass in vielen Länder mittlerweile Gesetze zum Eindämmen des Spamming geschaffen wurden. Bezüglich der P2P-Tauschnetze wurde zeitweilig ein Volumen von bis zu 25% an der gesamten Datenübertragung im Internet vermutet. Auch hier entstehen erhebliche negative Netzwerkeffekte.

2.5.1. Problem der Allmende

Free Riding

Das grundlegende Problem besteht in beiden Beispielen darin, dass der Verursacher die Kosten des negativen Netzwerkeffektes nicht oder nur zu einem Teil selbst zu tragen hat. Es liegt eine sogenannte *negative Netzwerkexternalität* vor. Als Konsequenz nutzt der Nachfrager das Netzwerkgut in einem größeren Umfang, als dies bei Berücksichtigung aller Kosten der Fall wäre. Bei diesem als *Free Riding* bezeichneten Verhalten kommt es oft zu einer aus wohlfahrtsökonomischer Perspektive ineffizienten Überlastung, die als *Allmende Problem* und *Tragedy of the Commons* bekannt ist.

Ausgangspunkt des Allmende Problems ist ein sogenanntes *reines öffentliches Gut*, von dessen Nutzung kein Teilnehmer ausgeschlossen werden kann. Der Begriff der Allmende bezeichnet ursprünglich den Teil des Eigentums einer Gemeinde, den jedes Mitglied frei nutzen darf. Zu einer solchen Allmende kann eine Gemeindeweide gehören. Übertragen auf das Internet handelt es sich oft um Netzwerkdienstleistungen und die damit verbundenen Ressourcen wie Rechenkapazitäten und Bandbreiten. Hier liegt zudem häufig *vollständige Rivalität* vor, da jede Einheit der knappen Ressource nur von genau einem Teilnehmer genutzt werden kann.

Als formales Modell lässt sich das Allmende Problem wie folgt darstellen. Das Netzwerkgut steht allen Teilnehmern zu konstanten Kosten c pro Nutzungseinheit zur Verfügung. Jeder Teilnehmer i entscheidet autonom über seinen individuellen Nutzungsumfang x_i, woraus sich die Gesamtnutzung $x = \sum_i x_i$ ergibt. Aus der Gesamtnutzung x resultiert ein Gesamtertrag $F(x)$, der sich als Netzwert interpretieren lässt. Der Gesamtertrag kommt den einzelnen Teilnehmern anteilig zu. Ein Teilnehmer i mit individuellem Nutzungsumfang x_i erhält damit einen individuellen Ertrag von $x_i F(x)/x$ bei Kosten in Höhe von cx_i.

Modell

Der Nutzungsanteil x_i/x jedes einzelnen Teilnehmers ist so gering, dass nur ein marginaler Einfluss auf den Grenznutzen $F'(x)$ besteht. Bei der Planung ihres individuellen Nutzungsumfangs orientieren sich die Teilnehmer daher nicht am Grenzertrag $F'(x)$, sondern näherungsweise (bei $x_i \ll x$) am durchschnittlichen Ertrag $F(x)/x$ einer weiteren Nutzungseinheit. In Abbildung 2.11 ist dieses Kalkül graphisch für die Ertragsfunktion $F(x) = x - x^2/2$ dargestellt.

Die gewählte Funktion zeigt ein typisches Szenario, in dem sowohl der Grenzertrag $F'(x)$ als auch der durchschnittliche Ertrag $F(x)/x$ stetig in x abnehmen. Bei einer Gesamtnutzung von $x = 1$ wird ein Grenzertrag von $F'(1) = 0$ erzielt. Jede weitere Erhöhung der Gesamtnutzung liefert einen negativen Grenzertrag und senkt damit den Gesamtertrag. Aufgrund der Netzwerkexternalität orientieren sich die Teilnehmer jedoch

Überlastung

2. Netzwerkgüter

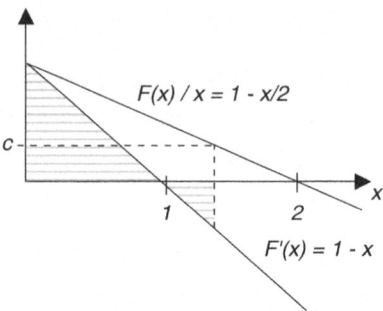

Abbildung 2.11: Allmende Problem für $F(x) = x - x^2/2$

am durchschnittlichen Ertrag und weiten die Gesamtnutzung bis an die Stelle $F(x)/x = c$ aus. Aus gesamtwirtschaftlicher Perspektive findet hierbei eine Überlastung statt, die zu einem Wohlfahrtsverlust führt.

Besonders deutlich wird das Problem bei einem idealen digitalen Gut, also einem digitalen Gut mit variablen Stückkosten von $c = 0$. In diesem Fall weiten die Teilnehmer die Gesamtnutzung bis an die Stelle $x = 2$ aus und der Gesamtertrag sinkt auf den Wert $F(x) = 0$ ab. Das Netzwerkgut wird damit für die Teilnehmer im Grenzfall wertlos. Bei nahezu kostenlosen digitalen Diensten wie dem Versand von E-Mail tritt das Problem der Überlastung daher besonders deutlich zutage.

2.5.2. Internalisierung und Ausschluss

Internalisierung Einen Lösungsansatz für das Allmende Problem bietet die Internalisierung des externen Netzwerkeffektes. Die Internalisierung besteht darin, von jedem Teilnehmer einen Preis in Höhe der tatsächlich von ihm hervorgerufenen Kosten zu erheben. Im Falle der negativen Netzwerkexternalität wären damit von jedem Teilnehmer die Kosten des gesunkenen Synchronisationswertes zu tragen. In einem derart veränderten Szenario orientieren sich die Teilnehmer an dem Grenzertrag $F'(x)$, womit das Allmende Problem entfällt.

Coase Theorem Die für eine Internalisierung notwendigen Preise können entweder vom Markt oder einem externen Akteur wie dem Staat anhand von Steuern und Subventionen gesetzt werden.

Für den marktbasierten Ansatz ist das *Coase Theorem* (Coase 1960) von zentraler Bedeutung. Es besagt, dass der Markt eine effiziente Lösung des Externalitäten-Problems erzielt, falls

- die Eigentumsrechte eindeutig definiert sind und
- keine Transaktionskosten bestehen.

Die Grundidee des Coase Theorems ist, dass die Teilnehmer auf Basis ihrer Eigentumsrechte eine effiziente Lösung miteinander aushandeln, die auch die externen Effekte berücksichtigt. Die effiziente Lösung wird unabhängig von der Verteilung der Eigentumsrechte erreicht. Entscheidend ist ausschließlich, dass alle beteiligten Ressourcen durch Eigentumsrechte erfasst sind.

Im Internet sind für eine praktische Umsetzung dieses Konzeptes verschiedene Aspekte zu berücksichtigen. Als Grundlage einer marktbasierten Lösung sind zunächst Eigentumsrechte über die beteiligten Ressourcen wie Server und Netzwerkverbindungen zu definieren. Betrachtet man darauf aufbauend den Transport eines einzelnen Datenpaketes im Internet, so sind daran typischerweise sehr viele verschiedene Ressourcen und Eigentümer beteiligt. Eine marktbasierte Lösung auf dieser feingranularen Ebene ist sowohl ökonomisch aufgrund der damit verbundenen Transaktionskosten als auch technisch kaum realisierbar. Die Verrechnung muss daher auf einer Ebene mit gröberer Granularität erfolgen, beispielsweise bezüglich des Versendens einzelner E-Mails. Die tatsächlichen Externalitäten werden dann jedoch nur näherungsweise erfasst.

Viele Ressourcen werden im Internet zudem bislang kostenlos bereitgestellt. Dazu zählen sowohl die Weiterleitung von E-Mails als auch die Nutzung von Tauschnetzen. Das Einführen von Nutzungskosten würde hier zunächst den grundsätzlichen Aufbau eines geeigneten Abrechnungssystems erfordern und damit weitere Transaktionskosten erzeugen. Eine Verrechnung der externen Effekte setzt auch voraus, dass der Verursacher der Kosten eindeutig zu identifizieren ist. In vielen Bereichen des Internet sind die Teilnehmer jedoch weitgehend anonym. Netzwerkdienste wie E-Mail und Tauschnetze wären dahingehend zu erweitern, dass vor der Nutzung zunächst eine starke

Internet

Authentifizierung des jeweiligen Teilnehmers stattfindet. Auch dies würde zusätzliche Transaktionskosten nach sich ziehen und eine marktbasierte Lösung erschweren.

Zusammenfassend lässt sich feststellen, dass eine marktbasierte Lösung des Allmende Problems im Internet durch verschiedene Rahmenbedingungen erschwert wird. Zum einen fehlen oft grundsätzliche Voraussetzungen wie die starke Authentifizierung der Teilnehmer und ein geeignetes Abrechnungssystem. Die hier notwendigen Erweiterungen erzeugen zusätzliche Transaktionskosten, die ihrerseits einer effizienten Lösung im Wege stehen. Zum anderen erschwert auch die Vielzahl von Ressourcen und Eigentümern eine exakte Verrechnung der externen Effekte.

Gezielter Ausschluss

Ein anderer Lösungsansatz besteht darin, Teilnehmer mit hohen negativen Netzwerkexternalitäten von der Nutzung auszuschließen. Im Gegensatz zur Internalisierung soll dabei nicht die Einzelentscheidung der Teilnehmer beeinflusst, sondern ein unerwünschtes Verhalten grundsätzlich verhindert werden. Aufgrund der einfachen Unterscheidung zwischen zulässigem und unzulässigem Verhalten wird mit diesem Ansatz kaum eine effiziente Lösung wie bei einer perfekten Internalisierung erreicht. Da eine marktbasierte Lösung aufgrund der speziellen Rahmenbedingungen im Internet jedoch oft nicht machbar ist, kann dieser Ansatz zumindest eine Verbesserung gegenüber dem Status quo bieten.

Dem gezielten Ausschluss von Teilnehmern kommt im Kontext von E-Mail große Bedeutung zu. Verschiedene technische Konzepte zielen darauf ab, die E-Mail von Spam-Versendern vom Transport auszuschließen. Hierzu zählen Spam-Filter, die Spam-Mails anhand des Inhaltes automatisch erkennen sowie öffentlich zugängliche Schwarze Listen (sogenannte Realtime Blackhole Lists), in denen die Adressen von Spam-Versendern gesammelt werden. In einigen Ländern existieren auch bereits Gesetze, die den Versand von Spam-Mail verbieten und damit die Grundlage schaffen, Spam-Versender auf juristischem Wege auszuschalten. In den USA wurde 2003 dazu der *Controlling the Assault of Non-Solicited Pornography And Marketing (CAN-SPAM) Act* erlassen.

Auch in Tauschnetzen wird unerwünschtem Verhalten mit gezieltem Ausschluss begegnet. Das unerwünschte Verhalten besteht hier darin, dass Teilnehmer zwar Dateien herunterladen, selbst jedoch keine Inhalte anbieten. Diese Nutzer belasten die gemeinsame Ressource, ohne selbst zu deren Erhalt beizutragen, und erzeugen damit eine negative Externalität. Als Lösungsansatz wird teilweise versucht, die Reziprozität mithilfe der von den Teilnehmern genutzten Software zu erzwingen, indem die Möglichkeit zum Herunterladen an die Bereitstellung eigener Dateien geknüpft wird.

2.6. Übungsaufgaben

1. Welche charakteristischen Merkmale zeichnen Netzwerkgüter aus? Geben Sie Beispiele für positive und negative Netzwerkexternalitäten.

2. In welcher Beziehung stehen Netzwerkgüter und natürliche Monopole?

3. Diskutieren Sie den Synchronisations- und Autarkiewert der in Abschnitt 2.1 genannten Netzwerkgüter. In welchen Fällen handelt es sich um reine Netzwerkgüter?

4. Welche Architekturtypen können bei Internetapplikationen unterschieden werden? Inwieweit lassen sich digitale Waren und digitale Dienstleistungen dieser Typologie zuordnen? Nennen Sie Beispiele.

5. Worin unterscheiden sich die drei betrachteten Anwendungstypen von Internetapplikationen? Welche Bedeutung hat diese Klassifikation für die bisherige und zukünftige Entwicklung des Internet?

6. Betrachten Sie ein Netzwerkgut, für das die Nachfrager eine Zahlungsbereitschaft von $v(x) = 10 + 2x - x^2/3000$ in Abhängigkeit der Netzgröße x besitzen.

    a. Berechnen Sie den Autarkie- und den Synchronisationswert des Netzwerkgutes.

    b. Welche Netzgröße sollte ein Monopolist anstreben, falls es sich um ein ideales digitales Gut handelt?

7. Welche zusätzlichen Aspekte ergeben sich für das Problem der Raubkopien entlang des Wachstumspfades eines Netzwerkgutes?

8. Recherchieren Sie die Entstehung der Deutschen Telekom AG. Mit welchen Maßnahmen versucht die Bundesnetzagentur, den Telekommunikationsmarkt für Mitbewerber zu öffnen?

9. Betrachten Sie zwei konkurrierende Netzwerkanbieter eines idealen digitalen Gutes. Anbieter 1 hat eine geringere Effizienz $e_1 < e_2$ als Anbieter 2 und es liegt ungerichtete Kompatibilität $k = k_{1,2} = k_{2,1}$ vor.

   a. Berechnen Sie die Stabilität ε_1 bei vollkommener Inkompatibilität $k \to -\infty$ beider Netzwerke.

   b. Wie lautet die Stabilität bei einer hohen Kompatibilität $k \to e_1$?

   c. Welche Strategie sollte Anbieter 1 als Monopolist wählen?

10. Recherchieren Sie nach dem Standardisierungsprozess für Internet-Standards RFC 2026. Welche Stufen durchläuft eine Technologie in diesem Prozess?

11. Nennen Sie Beispiele für Free Riding im Internet! Welche grundsätzlichen Lösungsansätze bietet die Theorie der Allmende? Diskutieren Sie deren Anwendbarkeit im Internet.

3. Anonymität, Preisdifferenzierung und Konsumentenrente

Das Internet bietet den Anbietern neue Möglichkeiten, Informationen über die Nachfrager zu erheben. Im Rahmen von Onlineshops lässt sich beispielsweise das Verhalten der Nutzer exakt beobachten und protokollieren. Hierzu zählt die Information, welche Produktseiten ein Konsument zu welchen Zeitpunkten besucht hat. Gegenüber dem klassischen Modell, in dem der Anbieter nur die Preis-Absatz-Funktion des gesamten Marktes kennt, bietet sich damit eine Vielzahl neuer Informationen, die für eine differenziertere Preisgestaltung nutzbar sind.

Die Implikationen dieser neuen Rahmenbedingungen werden im Weiteren für ein klassisches Monopolszenario betrachtet, das aus zwei Gründen von besonderem Interesse ist. Zum einen begünstigen verschiedene Merkmale der Internet-Ökonomie, wie die Kostenstruktur und die Netzwerkeffekte digitaler Güter, das Entstehen von Monopolen und rücken diese Marktform in den Fokus. Zum anderen vereinfacht die Eingrenzung auf nur einen Anbieter die Analyse erheblich, da kein Wettbewerb zu berücksichtigen ist. Die hier ausgeklammerten Wettbewerbsaspekte werden später in Kapitel 5 betrachtet.

Alle Formen der Preisdifferenzierung dienen dem Monopolisten dazu, die Zahlungsbereitschaft der Nachfrager besser als im klassischen Monopolmodell abzuschöpfen. Die drei grundlegenden Preisdifferenzierungen ersten, zweiten und dritten Grades lassen sich anhand zweier Merkmale wie in Abbildung 3.1 dargestellt charakterisieren. Zum einen erfolgt die Preisdifferenzierung entweder bezüglich individueller Präferenzen von Nachfragern oder aggregierter Präferenzen von Nachfragergruppen. Zum anderen ordnet der Anbieter entweder

Formen und Merkmale

jedem Nachfrager genau ein Angebot zu, oder es werden mehrere Angebote zur Auswahl gestellt. Im letzteren Fall müssen die Angebote anreizkompatibel gestaltet sein, sodass jeder Nachfrager das für ihn vorgesehene Produkt wählt.

	anbieterseitige Zuordnung	nachfragerseitige Selbstselektion
individuelle Präferenzen	1. Grad: perfekte Preisdifferenzierung	2. Grad: Selbstselektion<ul><li>quantitativ</li><li>qualitativ</li><li>temporal</li></ul>
aggregierte Präferenzen	3. Grad: Segmentierung<ul><li>demographisch</li><li>geographisch</li><li>verhaltensbasiert</li></ul>	

Abbildung 3.1: Charakteristische Merkmale der Preisdifferenzierungen

Die drei Formen der Preisdifferenzierung unterscheiden sich hinsichtlich der benötigten Informationen und der erzielbaren Abschöpfung der Konsumentenrente. Die perfekte Preisdifferenzierung erfordert die umfangreichsten Informationen und erlaubt eine vollständige Abschöpfung. Für die Selbstselektion und die Segmentierung sind jeweils weniger Informationen notwendig und auch die Abschöpfung der Konsumentenrente fällt entsprechend geringer aus.

3.1. Perfekte Preisdifferenzierung

Konzept

Zur Preisdifferenzierung *ersten Grades* benötigt der Monopolist vollkommene Information über die individuellen Präferenzen seiner Nachfrager. Auf Grundlage dieser Information kann jedem Nachfrager ein individuelles Angebot unterbreitet und dessen Zahlungsbereitschaft vollständig abgeschöpft werden. Diese Form der Preissetzung wird auch als *perfekte Preisdifferenzierung* bezeichnet.

Für konventionelle Märkte bildet die perfekte Preisdifferenzierung einen theoretischen Referenzpunkt, der sich in der

Praxis aufgrund verschiedener Probleme zumeist nicht erreichen lässt. Im Internet bestehen demgegenüber aufgrund veränderter Rahmenbedingungen weitergehende Möglichkeiten, die zu großen Veränderungen für alle Marktteilnehmer führen können.

3.1.1. Anonymität und Konsumentenrente

Die perfekte Preisdifferenzierung wird zunächst anhand eines einfachen Modells analysiert. Betrachtet sei ein homogenes Gut, von dem jeder Nachfrager genau eine Einheit erwerben möchte. Die Nachfrager besitzen individuelle Zahlungsbereitschaften v_i, aus denen sich eine lineare Nachfragefunktion $D(p) = 1 - p$ ergibt. Zur Vereinfachung wird ein ideales digitales Gut ohne variable Stückkosten betrachtet.

In Abbildung 3.2 ist als Ausgangspunkt das klassische Monopolmodell dargestellt. Der Monopolist kennt ausschließlich die Nachfragefunktion und wählt den homogenen Angebotspreis $p^* = 1/2$, zu dem das Produkt allen Nachfragern angeboten wird. Die Nachfrager mit einer Zahlungsbereitschaft $v_i \geq p^*$ kaufen das Produkt und erzielen dabei einen individuellen Überschuss von $v_i - p^*$. Der Gesamtüberschuss aller Käufer bildet die Konsumentenrente und entspricht der Fläche [A]. Die Nachfrager mit $v_i < p^*$ kaufen nicht und es entsteht ein Wohlfahrtsverlust im Umfang der Fläche [C], der sogenannte *Deadweight Loss*. Der Erlös des Monopolisten entspricht der Fläche [B].

Klassisches Monopolmodell

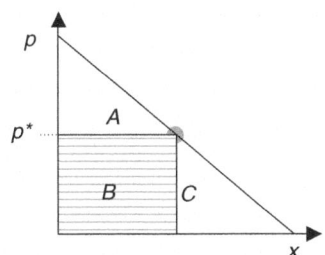

Abbildung 3.2: Klassisches Monopolmodell

Bei perfekter Preisdifferenzierung ergibt sich demgegenüber die in Abbildung 3.3 dargestellte Situation. Der Monopolist

Perfekte Preisdifferenzierung

kennt die Zahlungsbereitschaft jedes Nachfragers i und bietet sein Produkt zu individuellen Preisen $p_i = v_i$ an. Alle Nachfrager kaufen das Produkt und erzielen einen individuellen Überschuss von $v_i - p_i = 0$, womit auch die Konsumentenrente Null beträgt. Der Deadweight Loss entfällt, da der Monopolist an alle Nachfrager, also auch an die Nachfrager mit $v_i < p^*$ verkauft. Diese Aktivierung des Deadweight Loss stellt einen Wohlfahrtsgewinn dar und löst das klassische Monopolproblem der Unterversorgung.

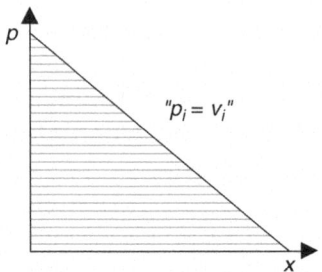

Abbildung 3.3: Perfekte Preisdifferenzierung

Wert der Anonymität

Dem Monopolisten gelingt es damit, seinen Erlös um die Konsumentenrente und den Deadweight Loss zu erhöhen. Im Gegenzug verlieren die Nachfrager ihre gesamte Konsumentenrente an den Monopolisten. Der Informationszuwachs des Monopolisten führt insgesamt zu einer starken Umverteilung.

Für die Nachfrager kann es daher vorteilhaft sein, ihre Anonymität und damit auch ihre Konsumentenrente gegenüber dem Monopolisten zu wahren. Das einfache Beispiel illustriert den ökonomischen Wert von Anonymität im Internet und zeigt, dass Datenschutz nicht nur hinsichtlich allgemeiner Persönlichkeitsrechte, sondern auch direkt für die individuelle Wohlfahrt der Konsumenten von Bedeutung ist.

3.1.2. Relevanz im Internet

Konventionelle Märkte

Eine Preisdifferenzierung ersten Grades ist in konventionellen Märkten aufgrund verschiedener Probleme nur selten realisierbar. Drei Aspekte sollen dazu näher betrachtet werden:

- das Informations-Problem,
- das Transaktionskosten-Problem sowie
- das Arbitrage-Problem.

Zunächst stellt sich als *Informations-Problem*, dass die individuellen Präferenzen der Nachfrager zumeist unbekannt sind. Damit fehlen die für die Preisdifferenzierung grundlegenden Informationen. Die notwendigen Informationen vorausgesetzt, besteht zusätzlich ein *Transaktionskosten-Problem*. Individualisierte Preise sind in vielen Bereichen nicht oder zumindest nicht profitabel umsetzbar. So ist eine kundenindividuelle Preisauszeichnung beispielsweise im Einzelhandel kaum möglich. Im konventionellen Versandhandel wären dazu kundenindividuelle Produktkataloge herzustellen. Insbesondere bei geringwertigen Gütern können die zusätzlichen Transaktionskosten den Erlöszuwachs leicht übersteigen.

Darüber hinaus besteht ein *Arbitrage-Problem*. Die perfekte Preisdifferenzierung bietet den Nachfragern die Möglichkeit, Gewinne durch den Weiterverkauf des Produktes zu erzielen. Dazu kauft zunächst ein Nachfrager i mit geringer Zahlungsbereitschaft vom Monopolisten zum Preis $p = v_i$. Anschließend verkauft er das Produkt an einen anderen Nachfrager j mit höherer Zahlungsbereitschaft $v_j > v_i$ weiter, wobei ein Arbitragegewinn in Höhe von $v_j - v_i$ erzielt wird. Der Monopolist verliert entsprechend einen Erlös in Höhe des Arbitragegewinns. Als Konsequenz kann für den Monopolisten dann letztlich die Rückkehr zu einem homogenen Angebotspreis erforderlich sein.

Aufgrund dieser Probleme bildet die perfekte Preisdifferenzierung für konventionelle Märkte vor allem einen theoretischen Referenzpunkt. Im Internet stellen sich die drei Problembereiche demgegenüber anders dar. Das Erheben von Nachfrageinformationen ist beispielsweise dem Betreiber eines Onlineshops in großem Umfang zu vergleichsweise geringen Kosten möglich. Die Technologie des World Wide Web erlaubt es dem Anbieter, die gesamte Navigation jedes einzelnen Besuchers seines Onlineshops in einem sogenannten *Click Stream* zu erfassen. Daraus geht unter anderem hervor, welche Produktseiten zu welchem Zeitpunkt besucht wurden. Anhand sogenannter *HTTP-Cookies* ist es auch möglich, die einzelnen

Nachfrager bei einem späteren Besuch wiederzuerkennen. Bereits diese Informationen bieten eine breite Basis, um verschiedene Nachfragertypen und deren Verteilung zu ermitteln.

Sobald ein Nachfrager einen Kauf tätigt, erhebt der Anbieter typischerweise dessen Lieferadresse und Zahlungsinformationen. Spätestens zu diesem Zeitpunkt lässt sich der bisher anonyme Click Stream einer konkreten Person zuordnen. Die so erhobenen Daten können dann mit personalisierten Daten aus anderen Informationsquellen verschmolzen werden, um ein möglichst genaues Profil des Kunden zu erhalten.

Auf Grundlage dieser Informationen lässt sich dann im Rahmen eines Onlineshops sowohl die Produktpräsentation als auch die Preissetzung speziell auf den einzelnen Nutzer zuschneiden. Die Transaktionskosten dieses individuellen Angebotes sind im Vergleich zu anderen Vertriebswegen sehr gering. In der Praxis findet man bei Anbietern wie dem Marktplatz Amazon bereits individuelle Produktempfehlungen, die auf dem bisherigen Verhalten des jeweiligen Kunden in Verbindung mit dem typischen Verhalten ähnlicher Kunden basieren. Der letzte Schritt hin zu einer kundenindividuellen Preissetzung findet in der Praxis noch nicht statt, erscheint aber möglich.

Dem Arbitrage-Problem kann bei digitalen Gütern auf verschiedenen Wegen begegnet werden. Eine Arbitrage ist grundsätzlich nicht möglich, falls sich die Weitergabe des Produktes verhindern lässt. Bei digitalen Waren kann dies anhand eines Digital Rights Management erfolgen, wie es beim kommerziellen Vertrieb von Musikdateien üblich ist. Hier ist die Wiedergabe der Musikdatei oft auf den Rechner des Käufers eingeschränkt. Bei digitalen Dienstleistungen ist eine Arbitrage ausgeschlossen, sofern sich sicherstellen lässt, dass Käufer und Nutzer des Dienstes identisch sind. Damit bietet sich die Transformation zu digitalen Dienstleistungen auch zur Lösung des Arbitrage-Problems bei digitalen Waren an.

3.2. Selbstselektion

Konzept

Liegen dem Monopolisten keine personalisierten Informationen zu seinen Nachfragern vor, so kann auf eine Preisdifferenzierung *zweiten Grades* zurückgegriffen werden. Abgesehen von dieser Einschränkung sind jedoch auch hier genaue Informationen über die im Markt vorliegenden Präferenzen erforderlich. Der Unterschied zur perfekten Preisdifferenzierung besteht in der Anonymität der einzelnen Nachfrager gegenüber dem Monopolisten.

Dieses Informationsszenario könnte bei dem Anbieter einer digitalen und damit verschleißfreien Ware vorliegen. Der Anbieter betreibt einen Onlineshop und erhebt alle verfügbaren Nachfrageinformationen. Aufgrund der Verschleißfreiheit finden keine Wiederholungskäufe statt. Der Anbieter führt mit jedem Nachfrager daher maximal eine Transaktion durch und besitzt infolgedessen keine personalisierten Informationen über seine zukünftigen Kunden. Aus den bereits durchgeführten Transaktionen lassen sich jedoch die Nachfragertypen und deren Verteilung im Markt ableiten.

Ausgangspunkt der Preisdifferenzierung zweiten Grades ist die Annahme, dass sich hinsichtlich der Präferenzen verschiedene Nachfragertypen unterscheiden lassen. Der Monopolist kennt die Nachfragertypen und deren Verteilung, also deren Anteile im Markt. Eine Zuordnung einzelner Nachfrager zu ihrem Typ ist dem Monopolisten jedoch nicht möglich, da er keine personalisierten Informationen besitzt. Die Grundidee der *Selbstselektion* besteht darin, dass der Monopolist für jeden Nachfragertyp t_i ein Produkt k_i gestaltet und zu einem Preis p_i anbietet. Die Gestaltung erfolgt *anreizkompatibel*, sodass jeder Nachfrager das für seinen Typ vorgesehene Produkt selbst wählt. {Annahmen}

Bei der Differenzierung lassen sich einige Grundformen unterscheiden: {Formen}

- Bei der **quantitativen Preisdifferenzierung** sind die Zahlungsbereitschaften der Nachfrager in unterschiedlichem Maße von der angebotenen Produktmenge abhängig. Der Monopolist kann durch Preis-Mengen-Kombinationen beispielsweise Klein- und Großabnehmer unterscheiden.

- Eine **qualitative Preisdifferenzierung** basiert darauf, dass die Nachfrager unterschiedlich qualitätssensitiv sind. Der Monopolist bietet entsprechende Qualitätsvarianten an.

- Der **temporalen Preisdifferenzierung** liegen zeitliche Präferenzunterschiede der Nachfrager zugrunde. Der Monopolist wählt beispielsweise die in Abschnitt 1.4.2 betrachtete Skimming-Strategie.

Abgrenzung Die Preisdifferenzierung zweiten Grades ist eng mit der vertikalen Produktdifferenzierung verwandt, da beide Konzepte die Gestaltung von Produktvarianten und Preisen zum Gegenstand haben. Das charakteristische Merkmal der Preisdifferenzierung besteht darin, dass die Preisunterschiede nur teilweise auf differierenden Kosten beruhen. Dies ist bei digitalen Gütern oft der Fall. Bei Softwareprodukten findet häufig eine qualitative Preisdifferenzierung anhand von Programmversionen mit unterschiedlichem Leistungsumfang statt. Der Hersteller Microsoft bietet beispielsweise zu dem Betriebssystem Windows Vista insgesamt fünf Versionen (Basic, Premium, Business, Enterprise und Ultimate) mit ähnlichem Funktionsumfang zu stark differierenden Preisen an. Die variablen Stückkosten dieser digitalen Ware dürften bei allen Varianten weitgehend identisch sein.

3.2.1. Two-Part Tariff

Eine verbreitete Form der Preisdifferenzierung zweiten Grades ist der sogenannte *Two-Part Tariff*. Dieses Preismodell wird oft zur quantitativen Preisdifferenzierung verwendet. Dabei wird das Produkt in frei wählbarer Menge x zu einem Preis $A + xp$ angeboten, der sich aus einem Fixum A und einem Stückpreis p zusammensetzt. Der Two-Part Tariff beinhaltet einen impliziten Mengenrabatt, da der Durchschnittspreis pro Stück mit steigender Produktmenge abnimmt.

In der Praxis offerieren viele Internet Service Provider (ISPs) und Mobilfunk-Anbieter ihre digitale Dienstleistung zu einem Preis aus Grundgebühr und mengenabhängiger Komponente. Der Two-Part Tariff lässt sich auch zur qualitativen Preisdifferenzierung einsetzen. An die Stelle der Produktmenge x tritt dann eine differenzierte Produktqualität. Diese Form findet sich bei Internet-Service-Providern in Produkten mit unterschiedlichen Netzwerkbandbreiten wieder.

Modell Als Beispiel für die Gestaltung eines Two-Part Tariff sei ein monopolistischer Anbieter eines idealen digitalen Gutes ohne variable Stückkosten betrachtet. Als Nachfrager existieren zwei Typen $i = 1, 2$ mit individuellen Zahlungsbereitschaften von $v_1(x) = x - x^2/2$ und $v_2(x) = x - x^2/4$. Jeder Nachfrager wählt die eigene Nachfragemenge mit dem Ziel, den Überschuss $v_i(x) - px$ zu maximieren. Aus dieser Maximierung ergeben sich die individuellen Nachfragefunktionen

$$d_1(p) = 1 - p \quad \text{und}$$
$$d_2(p) = 2 - 2p.$$

Die Nachfragemenge von Typ 2 ist zu jedem Preis $0 \leq p < 1$ doppelt so hoch wie die von Typ 1. Es handelt sich bei den beiden Typen quasi um Kleinabnehmer und Großabnehmer.

Beide Nachfragertypen sind mit der gleichen Anzahl von n Teilnehmern im Markt vertreten und entfalten jeweils eine Gesamtnachfrage $D_i(p) = n \, d_i(p)$. Zur Vereinfachung wird für die weitere Analyse der Fall $n = 1$ betrachtet. Dies hat keine qualitativen Auswirkungen auf das Ergebnis. In Abbildung 3.4 ist das Szenario graphisch dargestellt.

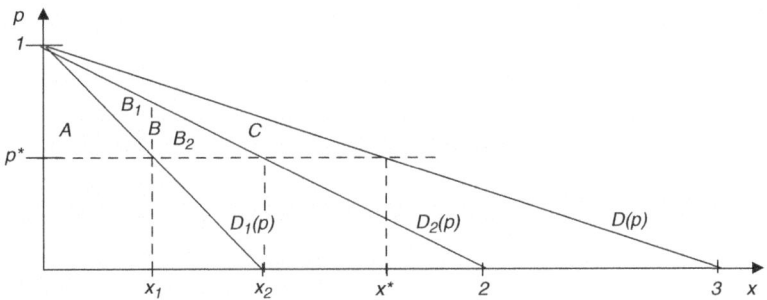

Abbildung 3.4: Beispielszenario eines Two-Part Tariff

Zunächst sei ein klassischer Monopolpreis ohne Fixum betrachtet. Der Monopolist wählt auf Basis der Gesamtnachfrage $D(p) = D_1(p) + D_2(p)$ den Monopolpreis $p^* = 1/2$ und erzielt bei einer Absatzmenge von $x^* = x_1 + x_2$ einen Erlös von $\pi = 3/4$. Die Konsumentenrente beträgt $K = 3/8$ entsprechend der Flächen [A + B + C] und teilt sich auf beide Nachfragertypen mit

$$K_1 = v_1(x_1) - p^* x_1 = 1/8 \quad [A] \text{ und}$$
$$K_2 = v_2(x_2) - p^* x_2 = 1/4 \quad [A + B]$$

auf.

Monopolpreis

Two-Part Tariff

Der Monopolist kann seinen Erlös anhand eines Two-Part Tariff erhöhen, indem zusätzlich zum Stückpreis p^* ein Fixum A in Höhe der Konsumentenrente von Typ 1 erhoben wird. Da das Fixum unabhängig von der nachgefragten Menge ist, kommt es zu keiner Verschiebung der Nachfragekurven, und die Nachfragemengen bleiben unverändert. Damit verliert Typ 1 seine Konsumentenrente vollständig, verbleibt jedoch im Markt. Für Typ 2 wird die Konsumentenrente auf $K_2 = 1/8$ [B] reduziert. Insgesamt hat sich der Erlös des Monopolisten zulasten der Konsumentenrente um $\Delta \pi = 1/4$ erhöht.

Der Erlös des Monopolisten kann weiter erhöht werden, indem das Fixum in das Maximierungskalkül einbezogen wird. Der so optimierte Two-Part Tariff lautet

$$p^{opt} = argmax_p \, p(D_1(p) + D_2(p)) + 2A(p)$$

mit

$$A(p) = K_1(p) = v_1(D_1(p)) - pD_1(p).$$

Im betrachteten Beispiel ergibt sich als optimaler Two-Part Tariff ein gegenüber dem Monopolpreis reduzierter Stückpreis sowie ein entsprechend höheres Fixum. Eine vollständige Abschöpfung der Konsumentenrente wie bei der perfekten Preisdifferenzierung wird jedoch nicht erreicht. Aus der Perspektive der Nachfrager sichert ihre Anonymität damit einen Teil der Konsumentenrente.

3.2.2. Feste Bündel

Der Monopolist kann seinen Erlös gegenüber dem Two-Part Tariff weiter erhöhen, indem er anstelle eines kontinuierlichen Mengenspektrums nur zwei feste Bündel aus Menge und Preis anbietet. Bei Telekommunikationsdienstleistungen finden sich feste Bündel beispielsweise in Form alternativer Pauschaltarife, die neben dem klassischen Two-Part Tariff in der Praxis mittlerweile eine weite Verbreitung gefunden haben. Zur Vereinfachung der Notation bezieht sich die weitere Darstellung auf den Two-Part Tariff in Abbildung 3.4. Sie lässt sich analog auf den optimalen Tarif übertragen.

Der erste Schritt der Überlegung besteht darin, dass der Monopolist sein Angebot auf die zwei Mengen x_1 und x_2 einschränken kann, ohne dass dies im Markt zu Veränderungen führt. Er bietet damit zunächst die Bündel (x_1, p_1) und (x_2, p_2) mit $p_i = A + x_i p^*$ an.

Ausgehend von dieser Situation ist eine weitere Verbesserung möglich, indem der Monopolist das zweite Bündel modifiziert. Dazu wird die Angebotsmenge auf $x_2' = 2$ erhöht, um die Zahlungsbereitschaft von Typ 2 auf den Maximalwert von 1 zu steigern. In Abbildung 3.4 entspricht diese maximale Zahlungsbereitschaft der Gesamtfläche unter der Nachfragekurve D_2. Da es sich um ein ideales digitales Gut handelt, entstehen dabei keine zusätzlichen Produktionskosten. Optimierte Bündel

Die somit gestiegene Zahlungsbereitschaft wird durch einen höheren Angebotspreis p_2 abgeschöpft. Dabei ist zu berücksichtigen, dass p_2 nur soweit erhöht werden kann, bis Typ 2 bezüglich der Wahl zwischen beiden Bündeln indifferent ist. Andernfalls würde sich auch Typ 2 für das Bündel (x_1, p_1) entscheiden. Das Bündel (x_1, p_1) bietet Typ 2 eine Konsumentenrente $K_2(x_1, p_1) = 1/16$ [B_1]. Zur Anreizkompatibilität muss die Bedingung

$$K_2 = (x_2', p_2') \geq K_2(x_1, p_1)$$

gelten, der Preis des zweiten Bündels darf also den Betrag

$$p_2' = 1 - K_2(x_1, p_1) = 15/16$$

nicht überschreiten.

Der Monopolist kann seinen Erlös mit dem zweiten Bündel (2, 15/16) gegenüber dem Two-Part Tariff um $\Delta\pi = 1/16$ erhöhen. Gegenüber dem homogenen Monopolpreis ist die Konsumentenrente von $K = 3/8$ auf $K = 1/16$ gesunken. Eine vollständige Abschöpfung der Konsumentenrente gelingt jedoch auch hier nicht, da der Monopolist bei der Gestaltung des zweiten Bündels die Anreizkompatibilität zum ersten Bündel berücksichtigen muss. Die Differenz zur perfekten Preisdifferenzierung, und damit auch der Wert der Anonymität, fällt jedoch in diesem einfachen Szenario mit nur zwei Nachfragertypen gering aus. Diskussion

Bei einer größeren Zahl von Nachfragertypen sind entsprechend mehr Bündel zu konstruieren, womit für die anreizkompatible Gestaltung auch eine zunehmende Anzahl von Nebenbedingungen zu berücksichtigen ist. Die vom Monopolisten erreichte Abschöpfung der Konsumentenrente kann dann geringer und der Wert der Anonymität für die Nachfrager entsprechend höher ausfallen.

Das Beispiel fester Bündel zeigt zudem auf, dass eine Reduzierung der Produktvarianten für den Anbieter profitabel sein kann. Dieses Ergebnis ist im Kontext digitaler Güter besonders interessant, da eine weitgehende Produktdifferenzierung trotz geringer Kosten auch hier nicht immer gewinnmaximierend ist. Wesentlich für die Profitabilität sind neben den Kosten auch die Präferenzen der Nachfrager, die in Kapitel 5 im Rahmen der Produktdifferenzierung erneut näher betrachtet werden.

3.3. Segmentierung

Konzept

Bei der Preisdifferenzierung dritten Grades werden die Nachfrager anhand von Segmentierungskriterien in Gruppen aufgeteilt. Jede Nachfragergruppe bildet ein Marktsegment, dessen Nachfragefunktion dem Anbieter bekannt ist. Der Monopolist nimmt eine Preisdifferenzierung vor, indem er für jedes Segment einen homogenen Preis festlegt. Typische Beispiele sind Studenten-und Seniorentarife für öffentliche Verkehrsmittel sowie länderspezifische Verkaufspreise für Neuwagen. Analog zur perfekten Preisdifferenzierung können Arbitrage-Probleme auftreten, wie sie in der Praxis bei Re-Importen von Neuwagen zu beobachten sind.

Der Unterschied zu den Differenzierungen ersten und zweiten Grades besteht darin, dass die Preissetzung auf Basis aggregierter Präferenzen von Nachfragergruppen anstelle von individuellen Präferenzen erfolgt. Die interne Struktur der typischerweise heterogenen Nachfragergruppen ist dem Anbieter unbekannt. Daher ist innerhalb der einzelnen Marktsegmente auch keine weitere Preisdifferenzierung ersten oder zweiten Grades möglich.

3.3. Segmentierung

Die möglichen Segmentierungskriterien lassen sich in verschiedene Kategorien untergliedern: *Kriterien*

- **Demographisch:** Alter, Geschlecht, Beruf, Einkommen
- **Geographisch:** Land, Stadt, Einwohnerzahl
- **Verhaltensorientiert:** Mediennutzung, Produktwahl, Kaufvolumen

Insbesondere zu den verhaltensorientierten Merkmalen bietet das Internet neue Möglichkeiten. Anhand von beispielsweise Click Streams lassen sich die Nutzer sehr genau und automatisiert beobachten. Diese zusätzlichen Informationen können eine detailliertere Segmentierung der Nachfrager ermöglichen. Mit einer höheren Anzahl unterscheidbarer Marktsegmente nehmen die Möglichkeiten der Preisdifferenzierung zu und der Monopolist kann einen größeren Teil der Konsumentenrente abschöpfen. Im Extremfall gelingt es, jeden Nachfrager in einem individuellen Marktsegment zu isolieren. Dieses Szenario entspricht dann der perfekten Preisdifferenzierung und zeigt, dass die Preisdifferenzierung ersten Grades der Grenzfall der Preisdifferenzierung dritten Grades mit einer Segmentgröße von Eins ist. Hinreichend für die perfekte Preisdifferenzierung wäre sogar bereits, alle Nachfrager mit identischen Präferenzen in jeweils einem Marktsegment zu erfassen.   *Internet*

Als einfaches Modell sei ein Monopolist betrachtet, der ein homogenes Gut in den Marktsegmenten $1,\ldots,i$ anbietet und die jeweiligen Nachfragefunktionen $D_i(p)$ kennt. Die Produktion erfolgt für alle Segmente zentral. Der Gewinn über alle Marktsegmente beträgt damit   *Preissetzung*

$$\pi(p_1,\ldots,p_n) = \sum_i p_i D_i(p_i) - C\left(\sum_i D_i(p_i)\right).$$

Bei der Berechnung des gewinnmaximalen Preisvektors $p^* = (p_1{}^*,\ldots,p_n{}^*)$ ist zu berücksichtigen, dass die Gewinne in den einzelnen Marktsegmenten über die gemeinsame Kostenfunktion miteinander in Beziehung stehen. Für jedes Marktsegment gilt im Gewinnmaximum, dass der Grenzerlös gleich den Grenzkosten ist. Aufgrund der zentralen Produktion müssen daher die Grenzerlöse in allen Marktsegmenten identisch sein.

Im Fall eines idealen digitalen Gutes ohne variable Stückkosten lautet die Gewinnfunktion

$$\pi(p_1,...,p_n) = \sum_i p_i D_i(p_i) - F,$$

womit sich das Optimierungsproblem deutlich vereinfacht. Die Preissetzung kann hier isoliert für jedes Marktsegment erfolgen, da keine Grenzkosten einer zentralen Produktion zu berücksichtigen sind.

3.4. Anonymität und Datenschutz

Interessenkonflikt

Aus den vorangegangenen Überlegungen zur Preisdifferenzierung folgt ein Interessenkonflikt zwischen Anbieter und Nachfrager. Je mehr Informationen ein Anbieter über die Nachfrager besitzt, desto besser lassen sich anhand einer geeigneten Preisdifferenzierung die Zahlungsbereitschaften und damit die Konsumentenrente abschöpfen. Während der Anbieter also möglichst genaue Informationen über die Nachfrager anstrebt, sind diese an ihrer Anonymität interessiert. Für den Interessenausgleich zwischen den beiden Parteien sind insbesondere rechtliche und technische Aspekte des Datenschutzes von Bedeutung.

3.4.1. Recht auf informationelle Selbstbestimmung

Volkszählungsurteil

In Deutschland existieren verschiedene Rechtsgrundlagen, die dem Einzelnen das Recht an seinen Daten und damit auch ein Recht auf Anonymität zusprechen. Einen Meilenstein bildet das sogenannte *Volkszählungsurteil* des Bundesverfassungsgerichts vom 15.12.1983. In diesem Urteil wurde das Recht des Einzelnen auf *informationelle Selbstbestimmung* aus den im Grundgesetz verankerten Rechten auf freie Entfaltung der Persönlichkeit (Artikel 2, Absatz 1 GG) und die Unantastbarkeit der Menschenwürde (Artikel 1, Absatz 1 GG) hergeleitet. Eine zentrale Stelle des Urteilstextes lautet:

3.4. Anonymität und Datenschutz

Mit dem Recht auf informationelle Selbstbestimmung wären eine Gesellschaftsordnung und eine diese ermöglichende Rechtsordnung nicht vereinbar, in der Bürger nicht mehr wissen können, wer was wann und bei welcher Gelegenheit über sie weiß. [...] Das Grundrecht gewährleistet insoweit die Befugnis des Einzelnen, grundsätzlich selbst über die Preisgabe und Verwendung seiner persönlichen Daten zu bestimmen.

Das Volkszählungsurteil ist eine wichtige Grundlage für das Bundesdatenschutzgesetz (BDSG), in dem neben den Zielen der Datenvermeidung und Datensparsamkeit auch der Aspekt der Anonymität explizit genannt ist. In § 3a BDSG findet sich hierzu folgendes: — BDSG

Gestaltung und Auswahl von Datenverarbeitungssystemen haben sich an dem Ziel auszurichten, keine oder so wenig personenbezogene Daten wie möglich zu erheben, zu verarbeiten oder zu nutzen. Insbesondere ist von den Möglichkeiten der Anonymisierung und Pseudonymisierung Gebrauch zu machen, soweit dies möglich ist und der Aufwand in einem angemessenen Verhältnis zu dem angestrebten Schutzzweck steht.

Eine ähnliche Formulierung findet sich auch in § 4 Absatz 6 des Teledienstdatenschutzgesetzes (TDDSG): — TDDSG

Der Diensteanbieter hat dem Nutzer die Inanspruchnahme von Telediensten und ihre Bezahlung anonym oder unter Pseudonym zu ermöglichen, soweit dies technisch möglich und zumutbar ist. Der Nutzer ist über diese Möglichkeit zu informieren.

Im Volkszählungsurteil und den beiden hier genannten Gesetztexten wird sowohl dem Datenschutz allgemein als auch explizit der Anonymität eine hohe Bedeutung eingeräumt. Allerdings ist der Datenschutz kein absolutes Ziel, sondern es sind auch Einschränkungen möglich, beispielsweise aufgrund technischer Gegebenheiten oder eines überwiegenden Allgemeininteresses.

3.4.2. Technische Datenschutzkonzepte

Ein wirksamer Datenschutz setzt neben der Einhaltung des zuvor umrissenen Rechtsrahmens auch voraus, dass die einzelnen Teilnehmer verantwortungsbewusst mit ihren eigenen Daten umgehen. Die hierbei ergriffenen Maßnahmen werden auch als *Selbstdatenschutz* bezeichnet. Im Internet ist eine Vielzahl von Technologien entstanden, die diesem Zweck dienen. Einige Beispiele sollen dies illustrieren: — Selbstdatenschutz

- **Verschleierung der IP-Adresse:** Im Internet hat jeder Teilnehmer eine weltweit eindeutige *IP-Adresse*, anhand der jede Kommunikation identifizierbar ist. Sogenannte *Anonymizer-Dienste* dienen dazu, die IP-Adresse eines Teilnehmers und damit auch seine Identität zu verschleiern.

- **Deaktivierung von HTTP-Cookies:** Anhand der *Cookie-Technologie* können Anbieter im World Wide Web die Nutzer ihrer Website beim erneuten Besuch wiedererkennen. Dazu wird beim erstmaligen Besuch eine kleine Information („Cookie") auf dem Rechner des Nutzers hinterlegt. Der Nutzer kann dies durch entsprechende Konfiguration des Webbrowsers verhindern und damit seine Anonymität erhöhen.

- **Platform for Privacy Preferences (P3P):** Die *P3P-Technologie* ermöglicht den Anbietern im World Wide Web, ihre Nutzer in standardisierter und automatisch verarbeitbarer Form über ihren Umgang mit personenbezogenen Daten zu informieren. Anhand dieser Information kann der Nutzer beispielsweise entscheiden, ob er die HTTP-Cookies eines Anbieters akzeptiert.

- **Anonyme Zahlungssysteme:** Die derzeit im Internet verbreiteten Zahlungssysteme basieren überwiegend auf Kreditkarten und bieten dem Kunden keine Anonymität. Es existieren jedoch auch Konzepte und Anbieter für anonyme Bezahlvorgänge, wie eCash/DigiCash, die Paysafecard und die kontoungebundene Geldkarte (Whitecard).

Datensparsamkeit

Neben dem Einsatz dieser und anderer Technologien ist vor allem der bewusste Umgang mit den eigenen Daten von entscheidender Bedeutung. Insbesondere auf den verschiedenen Plattformen für soziale Netzwerke wie XING und mySpace hinterlegen die Nutzer oft umfangreiche persönliche Daten, die für Jedermann abrufbar sind. Ein späteres Löschen dieser Informationen erweist sich in der Praxis auch daher als schwierig, weil viele Daten von anderen Teilnehmern wie beispielsweise Suchmaschinen repliziert und weiter verbreitet werden. Unter dem Aspekt des Datenschutzes sollten daher auch die Nutzer das Ziel der Datensparsamkeit verfolgen, wie es das BDSG von den Anbietern solcher Dienste fordert.

3.5. Übungsaufgaben

1. Welche Formen der Preisdifferenzierung lassen sich unterscheiden? Welche Gemeinsamkeiten und welche Unterschiede bestehen?

2. Vergleichen Sie die drei Preisdifferenzierungen anhand des erzielbaren Monopolgewinns!

3. Diskutieren Sie die Möglichkeiten einer Preisdifferenzierung ersten Grades im Internet.

    a. Welche besonderen Rahmenbedingungen bestehen für die Anbieter?

    b. Mit welchen Maßnahmen können die Nachfrager ihre Anonymität schützen?

4. Unter welchen Rahmenbedingungen könnte auch bei Selbstselektion und Segmentierung eine vollständige Abschöpfung der Konsumentenrente erreicht werden?

5. Nennen Sie Praxisbeispiele für einen Two-Part Tariff.

6. Betrachten Sie einen monopolitischen Anbieter eines idealen digitalen Gutes. Die Nachfrager teilen sich in zwei Typen. Die Gesamtnachfrage von Typ 1 beträgt $D_1(p) = 10 - p$, die von Typ 2 beträgt $D_2(p) = 40 - 4p$.

    a. Berechnen Sie den klassischen Monopolpreis ohne Fixum.

    b. Mit welchem Fixum könnte der Anbieter seinen Erlös erhöhen?

    c. Welche festen Bündel könnte der Monopolist alternativ wählen?

    d. Vergleichen Sie Monopolerlös und Konsumentenrente für die drei Angebotsstrategien.

7. Welche Besonderheit besteht bei der Marktsegmentierung hinsichtlich eines idealen digitalen Gutes?

8. Welche Formen der Preisdifferenzierung können vom Problem der Arbitrage betroffen sein?

9. Nennen Sie alltägliche Situationen, in denen personenbezogene digitale Daten entstehen und erfasst werden. Wie könnte ein Selbstdatenschutz aussehen?

10. Recherchieren Sie nach dem Gesetz zur Vorratsdatenspeicherung in Deutschland. Wo sehen Sie Probleme im Hinblick auf den Datenschutz und das Konzept der informationellen Selbstbestimmung?

4. Suchen und Finden

Das Internet und insbesondere das World Wide Web bieten Informationen in großer Menge, Vielfalt und Dynamik. Hierzu zählen neben Nachrichten und Unterhaltungsmedien auch Marktinformationen über Anbieter, Produkte und Preise. Ein großer Teil dieser Informationen ist kostenfrei zugänglich und der Abruf einer lokalisierten Information jederzeit und nahezu ohne Zeitbedarf möglich. Die Nutzung dieses Informationsangebotes bedarf jedoch geeigneter Suchverfahren, mit denen sich eine benötigte Information effizient finden lässt.

Aus ökonomischer Perspektive ist die Suche im Internet aus zwei Gründen von Interesse. Zum einen erfordert die Konstruktion effizienter Suchdienste eine ökonomische Betrachtung von Suchertrag und Suchkosten. Zum anderen bilden die so konstruierten Suchverfahren die technische Grundlage für eine stark erhöhte Markttransparenz, die zu erheblichen Veränderungen der Wettbewerbsintensität und der Struktur von Märkten führen kann.

4.1. Ökonomie des Suchens

Den Ausgangspunkt der Überlegungen bildet eine informationsökonomische Sichtweise, in der Information ein digitales Gut darstellt. Informationen haben für den Suchenden einen individuellen Wert, indem sie beispielsweise eine Entscheidungsfindung unterstützen. Dies kann die Information über den günstigsten Anbieter eines Produktes sein, die dem Käufer einen Teil des marktüblichen Kaufpreises erspart. Dem Wert einer gefundenen Information stehen die mit der Suche anfallenden

Ausgangspunkt

Kosten gegenüber. Daraus ergibt sich die Frage nach einer effizienten Suchstrategie, die Suchertrag und Suchkosten in ein optimales Verhältnis setzt.

4.1.1. Sequentielles Suchmodell

Modell

Für die ökonomische Analyse wird ein Modell betrachtet, in dem die Suche sequentiell in einzelnen Schritten durchgeführt wird. Die Zahl der möglichen Suchschritte sei unbegrenzt. Jeder Suchschritt i liefert eine Handlungsalternative mit dem Wert v_i, von denen am Ende der Suche genau eine ergriffen wird. Bei einer Preissuche besteht dieser Wert beispielsweise in der Differenz zwischen der Zahlungsbereitschaft und dem gefundenen Preis. Am Ende der Suche wird der kleinste Preis und entsprechend das beste Ergebnis v_i gewählt.

Die Ergebnisse v_i werden aus einer Verteilung $F()$ gezogen und sind voneinander stochastisch unabhängig. Alle Suchschritte sind damit ex-ante gleichwertig. Es handelt sich damit um eine sogenannte *uninformierte Suche* oder auch blinde Suche, bei der das erwartete Ergebnis der gesamten Suche von der Reihung der Suchschritte unabhängig ist. In der Praxis lässt sich die Verteilung $F()$ beispielsweise auf Basis früherer Suchen schätzen.

Verteilung und Dichte

In Abbildung 4.1 sind zur Illustration die Verteilungsfunktion $F(v)$ und Dichtefunktion $f(v)$ für eine Gleichverteilung im Intervall $v \in [0, v_{max}]$ dargestellt.

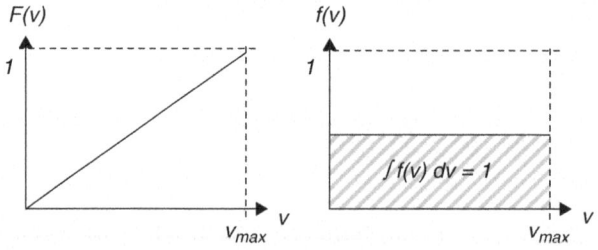

Abbildung 4.1: Verteilung und Dichte

Die Verteilungsfunktion $F(v)$ beschreibt die Wahrscheinlichkeit, in einem Suchschritt ein Ergebnis kleiner oder gleich v zu erhalten. Die Ableitung $f(v) = F'(v)$ wird als Dichtefunktion bezeichnet und ist ein Hilfsmittel bei der Berechnung von Wahrscheinlichkeiten. Der Erwartungswert eines Suchschrittes lässt sich mit Hilfe der Dichtefunktion als $\int f(v)v\, dv$ beschreiben.

Bei der Ausgestaltung einer Suche sind neben dem Ertrag auch Aufwand und Zeitpräferenzen zu berücksichtigen, da andernfalls unbegrenzt nach dem bestmöglichen Ergebnis gesucht werden könnte. Für jeden Suchschritt werden konstante Kosten k zugrunde gelegt. Darüber hinaus wird eine Zeitpräferenz in Form eines Diskontfaktors δ modelliert.

Suchkosten

4.1.2. Statische Suchstrategie

Zunächst wird ein Szenario betrachtet, in dem die Anzahl der Suchschritte n einmalig vor Beginn der Suche festlegt wird. Es wird also zunächst im Umfang von n Schritten gesucht, anschließend wird aus den gefundenen Handlungsalternativen das beste Ergebnis ausgewählt.

Für eine effiziente Suche sind Ertrag und Kosten gegeneinander abzuwägen. Mit jedem Suchschritt nimmt der erwartete Suchertrag $R(n)$ zu, und es entstehen konstante Kosten k. Der erwartete Ertrag $R(n)$ bei n Suchschritten folgt direkt aus der Verteilung. Als Vereinfachung sei dazu der Fall ohne Zeitpräferenz ($\delta = 1$) betrachtet. Die Verteilungsfunktion $F(v)$ beschreibt die Wahrscheinlichkeit, dass ein Suchschritt ein Ergebnis kleiner oder gleich v liefert. Entsprechend beträgt die Wahrscheinlichkeit, dass n Suchschritte ausschließlich Ergebnisse kleiner oder gleich v liefern $F_n(v) = F(v)^n$. Aus der korrespondierenden Dichtefunktion $f_n(v) = F_n'(v)$ folgt der Erwartungswert $R(n) = \int f_n(v) v\, dv$.

Kalkül

Der erwartete Suchertrag weist einen im Suchumfang n abnehmenden Grenzertrag auf, womit sich der in Abbildung 4.2 skizzierte Verlauf ergibt. Der optimale Suchumfang n^* befindet sich an der Stelle $R'(n) = k$ und maximiert die Differenz zwischen Suchertrag und Kosten. Aus der Darstellung ergibt sich, dass der optimale Suchumfang mit abnehmenden Suchkosten zunimmt. Digitale Suchdienste bieten damit über Kostensenkungen die Möglichkeit, den Suchertrag zu erhöhen.

Optimaler Suchumfang

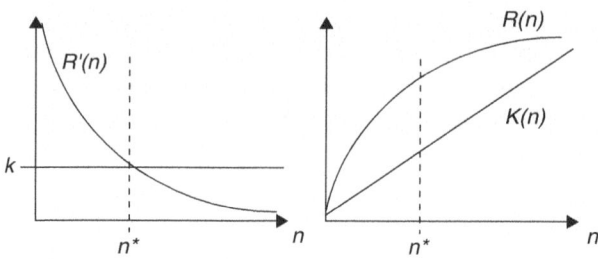

Abbildung 4.2: Grenzertrag und Suchertrag

Beispiel

Für eine Gleichverteilung $F(v) = v$ im Intervall $v \in [0, 1]$ ergibt sich beispielsweise die Verteilungsfunktion $F_n(v) = v^n$ und damit der erwartete Suchertrag

$$R(n) = n/(n+1).$$

Der Grenzertrag lautet $R'(n) = 1/(n+1)^2$ und der optimale Suchumfang n^* ergibt sich für $k \leq 1$ an der Stelle $R'(n) = k$ mit

$$n^* = \sqrt{(1/k)} - 1.$$

4.1.3. Optimal Stopping Rule

Konzept

Die statische Suchstrategie beruht auf der Annahme, dass die Anzahl der Suchschritte einmalig vor dem Beginn der Suche festzulegen ist. Die im Verlauf einer konkreten Suche erzielten Ergebnisse können daher nicht in der Strategie berücksichtigt werden. Dies erweist sich beispielsweise dann als ineffizient, wenn schon zu Beginn der Suche ein optimales Ergebnis gefunden wird.

Eine Verbesserung gegenüber der statischen Suchstrategie ist möglich, falls dynamisch nach jedem Schritt über den Abbruch der Suche entschieden werden kann. Die Suche wird genau dann fortgesetzt, falls der Wert der aktuellen Handlungsalternative v_i geringer als der Erwartungswert des Weitersuchens ist. Diese Entscheidungssituation ist *stationär*, also in jedem Suchschritt identisch, da jeweils ein konkretes Ergebnis v_i mit dem Erwartungswert einer potentiell unendlichen Suche zu vergleichen ist.

4.1. Ökonomie des Suchens

Die dynamische Suchstrategie besteht damit in einem Schwellenwert x^*, oberhalb dem eine Handlungsalternative $v_i > x^*$ ergriffen und die Suche beendet wird. Aufgrund der Stationarität ist dieser Schwellenwert für alle Suchschritte identisch. Zunächst wird der Erwartungswert $v(x)$ des Weitersuchens bei einem beliebigen Schwellenwert x betrachtet:

Kalkül

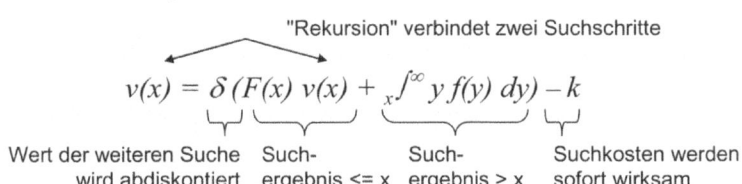

$$v(x) = \delta \underbrace{(F(x) \, v(x)}_{\text{Such-}} + \underbrace{{}_x\!\!\int^\infty y \, f(y) \, dy)}_{\text{Such-}} - \underbrace{k}_{\text{Suchkosten werden}}$$

Wert der weiteren Suche wird abdiskontiert; Suchergebnis <= x; Suchergebnis > x; Suchkosten werden sofort wirksam

Wird die Suche nach einem beliebigen Suchschritt fortgesetzt, so entstehen für den nächsten Suchschritt Kosten k, die sofort wirksam werden. Das Suchergebnis liegt erst im nächsten Schritt vor und wird daher mit δ abdiskontiert. Dabei sind zwei Fälle zu unterscheiden:

- Mit einer Wahrscheinlichkeit von $F(x)$ wird ein Ergebnis $v_i \leq x$ erzielt und die Suche wird erneut fortgesetzt. Der Erwartungswert dieses erneuten Suchschritts beträgt wiederum $v(x)$. An dieser Stelle findet quasi eine Rekursion statt, indem der Ausdruck für den Erwartungswert auf $v(x)$ selbst zurückgreift und damit eine Verbindung zwischen zwei aufeinanderfolgenden Suchschritten herstellt.

- Mit der verbleibenden Wahrscheinlichkeit von $1 - F(x)$ wird ein Ergebnis $v_i > x$ erzielt und die Suche beendet. Der Erwartungswert dieses Falles ergibt sich aus der Gewichtung aller möglichen Ergebnisse y mit ihrer Wahrscheinlichkeitsdichte $f(y)$.

Eine optimale Suchstrategie muss die Bedingung erfüllen, dass der Schwellenwert x und der Erwartungswert des Weitersuchens $v(x)$ einander entsprechen. Aus dieser Überlegung folgt mit $x^* = v(x^*)$ als *Optimal Stopping Rule* (McMillan 1994) der Ausdruck

Optimaler Schwellenwert

$$x^* = \delta \left(F(x^*) x^* + \int_{x^*}^{\infty} y f(y) \, dy\right) - k.$$

Für die bereits zuvor betrachtete Gleichverteilung $F(v) = v$ im Intervall [0, 1] und den Diskontfaktor $\delta = 1$ ergibt sich ein Schwellenwert von

$$x^* = 1 - \sqrt{(2k)}.$$

Diskussion   Der optimale Schwellenwert x^* ist kein Erwartungswert, sondern das minimale Ergebnis der Suche. Der Erwartungswert des Suchergebnisses ist typischerweise größer und beträgt $_{x^*}\int^{\infty} y f(y) \, dy$. Wie bei der statischen Suchstrategie führen abnehmende Suchkosten k auch hier zu einer Verbesserung des Suchergebnisses.

Im Gegensatz zur statischen Suchstrategie ist es nicht erforderlich, die Ergebnisse vorhergehender Suchschritte zu speichern, da der Schwellenwert aufgrund der Stationarität konstant ist. Diese Eigenschaft beruht unter anderem auf der Annahme, dass die Kosten der Suchschritte konstant sind und keine Budgetrestriktionen bestehen, also auch eine potenziell unendlich lange Suche durchgeführt werden kann.

4.2. Gestaltung der Suchprozesse

Die Optimal Stopping Rule bildet eine theoretische Grundlage für die Ausgestaltung konkreter Suchprozesse. Maßgeblich sind hierbei als Parameter die Verteilungsfunktion $F()$, die Kosten eines Suchschrittes k sowie die individuelle Zeitpräferenz des Nutzers in Form des Diskontfaktors δ.

Parameter   Die Verteilungsfunktion ist eine durch den Suchraum vorgegebene Größe, die bei der Gestaltung der Suchprozesse zu berücksichtigen ist. Bei den Suchkosten handelt es sich demgegenüber um eine anhand der Suchprozesse gestaltbare Größe. Sowohl für die dynamische als auch für die statische Suchstrategie gilt, dass geringere Suchkosten zu einem höheren Suchertrag führen. Die individuelle Zeitpräferenz eines Nutzers ist wiederum eine exogene Größe, die sich auf eine feste Zeiteinheit bezieht. Hier besteht die Gestaltungsmöglichkeit darin, die Suchprozesse zu beschleunigen und damit eine größere Zahl von Suchschritten pro Zeiteinheit durchzuführen. Der für einen einzelnen Suchschritt zu berücksichtigende Diskontfaktor wird so erhöht und das Suchergebnis entsprechend verbessert. Die Suchkosten und die Suchgeschwindigkeit bilden damit die wesentlichen Parameter bei der Gestaltung der Suchprozesse.

4.2.1. Information Overflow

Das Internet zeichnet sich als Suchraum durch eine sehr große Menge von Informationen aus. Die grundlegende Struktur des Suchraumes bilden die IP-Adressen der Informationsanbieter, die unter technischen Gesichtspunkten vergeben werden und keine Rückschlüsse auf die angebotenen Inhalte erlauben. Das Informationsangebot ist damit unter inhaltlichen Gesichtspunkten unstrukturiert. Im Gegensatz zu einer klassischen Bibliothek lässt sich der Suchraum nicht entlang einer thematischen Gliederung schrittweise eingrenzen, sondern es sind alle Informationsangebote sequentiell zu prüfen. Die Wahrscheinlichkeit, in einem Suchschritt eine relevante Information zu finden, ist entsprechend gering.

Struktur des Suchraumes

Für das Informationsangebot im Internet ist daher, wie in Abbildung 4.3 skizziert, eine linkslastige Verteilung anzunehmen. Da im Rahmen einer manuellen, sequentiellen Suche nur ein sehr kleiner Teil aller angebotenen Informationen berücksichtigt werden kann, bleibt der Suchertrag gering.

Informationsverteilung

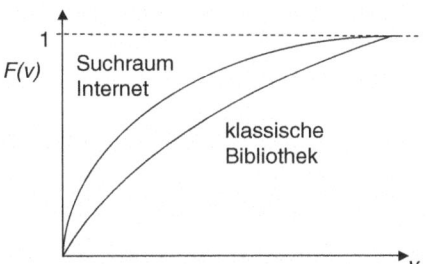

Abbildung 4.3: Informationsverteilung im Internet

Dieses Phänomen wird in der Literatur mit Begriffen wie *Information Overflow* und *Info-Smog* bezeichnet. Das Problem besteht darin, dass die Nutzer trotz wachsendem Informationsangebot zunehmend schlecht informiert sind.

4.2.2. Lösungskonzepte

Eine Lösung dieses Problems erfordert Suchprozesse, die das Informationsangebot des Internet effizient verarbeiten und damit nutzbar machen können. Die grundlegenden Gestaltungsparameter bilden die Suchkosten und die Suchgeschwindigkeit. Darauf aufbauend lassen sich folgende Gestaltungskonzepte anwenden:

- **Automatisierung** des Suchprozesses
- **Wiederverwendung** von Suchergebnissen
- **Zerlegung** der Suche in Teilprozesse mit höherem Wiederverwendungsgrad
- **Kollaboration** zur Verteilung des Suchaufwands auf einen Nutzerkreis

Automatisierung

Die *Automatisierung* besteht in der Delegation der manuellen Suche an ein Computerprogramm. Mit der Automatisierung können sowohl die Suchkosten durch Einsparung von Personalkosten gesenkt als auch die Suchgeschwindigkeit erhöht werden. Mit der Automatisierung gehen jedoch in der Regel auch Qualitätseinbußen einher, da die Bewertung von Informationen nur unvollständig formalisierbar ist. Einige Suchdienste wie Webkataloge verwenden daher eine manuelle Informationsbewertung durch Redakteure.

Wiederverwendung

Die *Wiederverwendung* von Suchergebnissen besteht darin, einzelne Suchergebnisse zu speichern, um bei einer identischen Suchanfrage auf das gespeicherte Ergebnis zurückgreifen zu können. Mit einer erfolgreichen Wiederverwendung lassen sich sowohl die Suchkosten reduzieren als auch die Suchgeschwindigkeit erhöhen. Allerdings entstehen auch Speicherkosten, die einer Kosten-Nutzen-Abwägung bedürfen.

Zerlegung

Die *Zerlegung* der Suchprozesse zielt darauf ab, den Grad der Wiederverwendung durch geeignete Vorprodukte zu erhöhen.

4.2. Gestaltung der Suchprozesse

In der Praxis sind die Suchprozesse typischerweise in die drei in Abbildung 4.4 dargestellten Teile gegliedert.

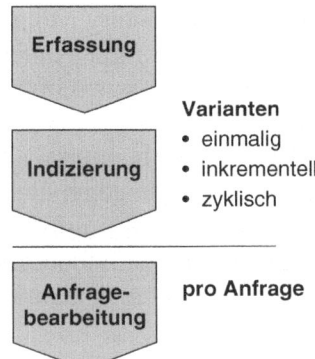

Abbildung 4.4: Dreistufige Zerlegung der Suchprozesse

Im ersten Schritt erfolgt zunächst die Erfassung der Informationen, indem beispielsweise im World Wide Web der Abruf einzelner Webseiten erfolgt. Diese Informationen werden im zweiten Schritt analysiert. Im Rahmen der Indizierung wird dabei als Vorprodukt ein Suchindex aufgebaut. Die Beantwortung konkreter Suchanfragen erfolgt im dritten Schritt auf Basis dieses Vorproduktes, ohne direkt eine Suche im Internet durchzuführen. Die Suchergebnisse beziehen sich immer auf den Zeitpunkt der letzten Erfassung und sind somit nur begrenzt aktuell. Die Zeitspanne zwischen Indizierung und Anfragebearbeitung wird auch als *Index Lag* bezeichnet.

Eine Folge der Zerlegung ist, dass die Erfassung und die Indizierung nicht mehr bezüglich einer konkreten Suchanfrage erfolgen. Vielmehr dient der Suchindex dazu, ein Spektrum von Suchanfragen bearbeiten zu können. Bei der Planung des Umfangs von Erfassung und Indizierung ist daher die Menge der möglichen Suchanfragen zu berücksichtigen. Mit dieser Zerlegung geht eine Kostenstruktur aus hohen Fixkosten und marginalen variablen Kosten einher. Die Suchdienste im Internet begründen damit aus theoretischer Perspektive oft ein natürliches Monopol. Dies zeigt sich auch in der Praxis, indem nur wenige Anbieter wie die Suchmaschine Google den Markt dominieren.

Kollaboration

Das Konzept der *Kollaboration* besteht darin, die Fixkosten des Suchindex auf viele Nutzer zu verteilen. Im nicht-kommerziellen Bereich existieren verschiedene Beispiele für dieses Konzept. Webkataloge wie das Directory Mozilla (DMOZ) basieren auf der freiwilligen Mitarbeit ihrer Nutzer am Suchindex. In dezentralen Suchmaschinen wie Grub (*grub.org*), FAROO (*faroo.com*) und YaCy (*yacy.de*) wird der Suchindex dezentral erstellt und zwischen den Teilnehmern ausgetauscht. Kommerzielle Suchdienste werden demgegenüber typischerweise von einem zentralen Anbieter wie Google betrieben. Die Kollaboration besteht hier ausschließlich in einer Finanzierung über Werbeeinnahmen, die der Anbieter in Kombination mit dem eigentlichen Suchdienst erzielt.

4.2.3. Suchdienste im Internet

Typologie

In der Praxis des Internet existieren mit Webkatalogen, Suchmaschinen und Meta-Suchmaschinen drei grundlegende Typen von Suchdiensten. In allen drei Typen finden sich die Konzepte der Wiederverwendung, Zerlegung und Kollaboration wieder. Bei der Automatisierung der Erfassung, Indizierung und Anfragebearbeitung bestehen dabei die in Abbildung 4.5 dargestellten Unterschiede.

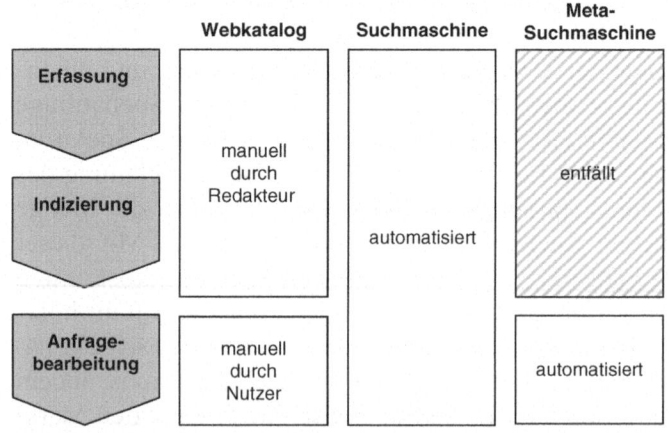

Abbildung 4.5: Typologie der Suchdienste im Internet

Webkataloge zeichnen sich dadurch aus, dass alle Verarbeitungsschritte manuell erfolgen. Demgegenüber läuft der Suchprozess bei Suchmaschinen vollständig automatisiert ab. Meta-Suchmaschinen greifen zur Anfragebearbeitung auf den Suchindex normaler Suchmaschinen zurück.

4.3. Suchmaschinen

Suchmaschinen liefern dem Nutzer zu einer Suchanfrage eine geordnete Liste relevanter Webseiten. In der Regel besteht die Anfrage aus einzelnen Suchbegriffen, und die Ergebnisliste verweist auf Webseiten, in denen alle Begriffe enthalten sind. Darüber hinaus können Suchmaschinen in Abhängigkeit ihres Aufbaus auch andere und komplexere Anfragen bearbeiten. So bietet die Suchmaschine Google auch die Möglichkeit, nach Wortfolgen und ganzen Sätzen zu suchen.

In der Praxis lassen sich verschiedene Formen von Suchmaschinen unterscheiden. *Allgemeine Suchmaschinen* bieten eine Volltextsuche, mit der nach beliebigen Begriffen recherchiert werden kann. Die Erstellung und Pflege des hierfür benötigten Suchindex ist mit hohem Aufwand verbunden. Dies hat dazu geführt, dass nur noch wenige große Suchdienstleister wie Google einen derartigen Suchindex erstellen.

Formen

Bei *speziellen Suchmaschinen* wird der Suchraum thematisch eingeschränkt. Die Themenzentrierung verkleinert den Suchraum und kann auch die Abbildung semantischer Aspekte erleichtern. Spezielle Suchmaschinen können daher oft qualitativ bessere Ergebnisse bieten. Ein Beispiel ist die auf wissenschaftliche Literatur spezialisierte Suchmaschine Google Scholar, mit der sich gezielt nach Autoren und Zeitschriften recherchieren lässt. Zu dieser Kategorie zählen auch die *Preissuchmaschinen*, die zu einem vorgegebenen Produkt eine nach Preisen sortierte Anbieterliste zurückliefern. Der Suchraum ist hier typischerweise auf eine vom Suchmaschinenbetreiber festgelegte Menge von Onlineshops beschränkt. Preissuchmaschinen sind aus ökonomischer Perspektive für die Markttransparenz und den Wettbewerb zwischen den Anbietern von besonderer Bedeutung.

4.3.1. Basisarchitektur

Suchmaschinen bestehen aus drei Hauptkomponenten, deren Funktionen der dreistufigen Zerlegung in Erfassung, Indizierung und Anfragebearbeitung entsprechen. In Abbildung 4.6 ist dazu die Basisarchitektur einer zentralisierten Suchmaschine dargestellt.

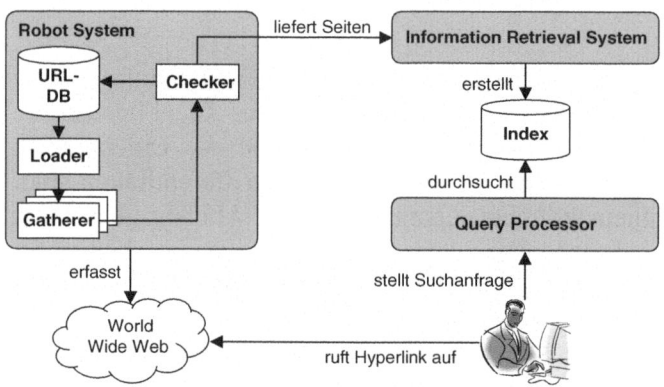

Abbildung 4.6: Basisarchitektur zentralisierter Suchmaschinen

Die Erfassung erfolgt durch das Robot System, das den Hyperlinks innerhalb von Webseiten folgt und damit schrittweise den Suchraum erschließt. Die so gefundenen Webseiten analysiert das Information Retrieval System bezüglich der enthaltenen Begriffe und baut einen Stichwort-bezogenen Suchindex auf. Zur Bearbeitung einer Suchanfrage werden die vom Nutzer eingegebenen Begriffe im Suchindex nachgeschlagen und die dazu gespeicherten Hyperlinks in einer Ergebnisliste zurückgeliefert.

4.3.2. Robot System

Das Robot System einer Suchmaschine hat die Aufgabe, das World Wide Web ausgehend von den in einer Datenbank vorgegebenen Webadressen, sogenannten Uniform Resource Locators (URLs), zu durchsuchen. Dabei werden die Webseiten an den betreffenden URLs auf darin enthaltene Hyperlinks durchsucht, denen dann weiter gefolgt wird. Aufgrund ihrer iterativen Arbeitsweise bezeichnet man diese Komponente auch oft als Web Crawler, Wanderer und Spider.

Der Suchprozess wird durch das Zusammenwirken mehrerer Teilkomponenten realisiert (Glöggler 2003). Die Grundlage bildet die URL-Datenbank, in der alle dem Robot System bislang bekannten Webadressen verwaltet werden. Neben den Webadressen lassen sich auch weitere Informationen wie die Häufigkeit inhaltlicher Aktualisierungen zu den Webseiten erfassen. Darauf aufbauend entscheidet der *Loader* im Rahmen der sogenannten *Crawl Strategie*, welche Webseiten zu welchem Zeitpunkt zu untersuchen sind. Dies kann beispielsweise beinhalten, dass das Robot System häufig aktualisierte Webseiten eines Nachrichtenanbieters öfter besucht.

Teilkomponenten

Der eigentliche Abruf einer Webseite erfolgt durch den *Gatherer*. Um den Internetzugriff zu beschleunigen, verfügen Suchmaschinen oft über mehrere Gatherer. Anschließend prüft der *Checker* die vorliegenden Webseiten anhand von Filtern und entscheidet, welche Dokumente weiter zu verarbeiten sind. Dabei werden beispielsweise die Inhalte unerwünschter Anbieter anhand sogenannter Blacklists aussortiert. Die verbleibenden Webseiten werden zur Aktualisierung der URL-Datenbank auf neue Hyperlinks untersucht und an das Information Retrieval System weitergeleitet.

4.3.3. Information Retrieval System

Das Information Retrieval System analysiert die vom Robot System gelieferten Webseiten und baut einen Suchindex auf. Die Analyse erfolgt in mehreren Schritten, die die Webseite auf ihren textuellen Inhalt in Form einzelner Wörter reduzieren. Multimediale Inhalte wie Grafiken und Animationen finden dabei bislang typischerweise keine Berücksichtigung.

Die anschließende *Volltextindizierung* dient zum Aufbau des Suchindex. Kernelement ist der sogenannte *invertierte Index*. Er besteht aus einer Liste aller vom Information Retrieval System indizierten Wörter, die sich später als Suchbegriffe verarbeiten lassen. Zu jedem Wort wird eine *invertierte Liste* verwaltet, in der alle Webseiten vermerkt sind, die das betreffende Wort enthalten. In Abbildung 4.7 ist dies exemplarisch dargestellt.

Volltextindizierung

4. Suchen und Finden

Webseiten		Invertierter Index	
URL	normalisierter Text	Wort	Invertierte Liste
1.html	Alle Kreter lügen, Anna nicht	Alle	{(1.html,1)}
2.html	Anna lebt in Kreta	Anna	{(1.html,20), (2.html,1)}
...	...	...	...

Abbildung 4.7: Beispiel eines invertierten Index

Die invertierten Listen können neben den URLs der Webseiten weitere Informationen enthalten. In dem dargestellten Beispiel ist zusätzlich die Zeichenposition des Wortes in der jeweiligen Webseite hinterlegt. Anhand solcher Informationen kann der Query Processor erweiterte Suchoptionen realisieren.

4.3.4. Query Processor

Der Query Processor hat die Aufgabe, die Suchanfragen der Nutzer zu beantworten. Besteht die Anfrage aus einem einzelnen Suchbegriff, so wird das betreffende Wort im invertierten Index nachgeschlagen und die dazugehörende invertierte Liste als Suchergebnis zurückgeliefert. Werden als Anfrage mehrere Begriffe angegeben, so wird dies von den meisten Suchmaschinen als UND-Verknüpfung interpretiert. In diesem Fall ergibt sich das Suchergebnis, indem die Schnittmenge aller beteiligten invertierten Listen gebildet wird. Andere logische Verknüpfungen der Suchbegriffe lassen sich wie in Abbildung 4.8 dargestellt analog durch eine Mengenoperation auf den invertierten Listen realisieren.

Logische Verknüpfung der Suchbegriffe	Mengenoperation auf den invertierten Listen
UND	Schnittmenge
ODER	Vereinigungsmenge
NICHT	Differenzmenge

Abbildung 4.8: Verknüpfung von Suchbegriffen

Viele Suchmaschinen bieten weitere Optionen, die beispielsweise die Suche nach einer Folge von Wörtern ermöglichen.

Hierfür wird ein Suchindex mit Informationen zu den Positionen der Wörter innerhalb der Webseiten benötigt.

Ein interessanter Aspekt des Query Processors besteht darin, dass die Nutzer mit ihren Suchanfragen auch persönliche Interessen und Präferenzen offenbaren. Diese Informationen kann der Suchmaschinenbetreiber sammeln und auswerten. Ein Beispiel ist das von dem Anbieter Google unternommene Projekt „Flu Trends" (*google.org/flutrends*), das Suchanfragen nach Begriffen im Zusammenhang mit Grippeerkrankungen untersucht. Hierbei wurde eine starke Korrelation zwischen den Suchanfragen und den tatsächlichen Grippedaten einer Region festgestellt. Laut Google lassen sich damit Grippeepidemien um ein bis zwei Wochen früher als mit konventionellen Verfahren feststellen. Dieses nützliche Beispiel zeigt, dass die Suchanfragen weitreichende Rückschlüsse auf den Nutzer zulassen können. Auch bei der Nutzung von Suchmaschinen stellt sich damit die Frage nach Datenschutz und informationeller Selbstbestimmung.

Datenschutz

4.3.5. Ranking

In der Praxis führen Suchanfragen zu populären Begriffen oft zu Ergebnislisten mit vielen tausend Einträgen. Eine weitere Aufgabe des Query Processors besteht daher darin, die gefundenen Webadressen hinsichtlich der Relevanz für den Nutzer zu ordnen. Dieser Vorgang wird als *Ranking* bezeichnet. Für die Relevanzbewertung der Webseiten existieren verschiedene Verfahren.

Suchanfrage-bezogene Verfahren bewerten eine Webseite hinsichtlich ihrer Relevanz für die konkrete Anfrage des Benutzers. Hierzu zählt der *Term-Frequency Wert* (TF-Wert), der die relative Häufigkeit eines Suchbegriffes in dem betrachteten Dokument angibt. In einfacher Form wird der TF-Wert als Quotient

$$TF = (\text{Häufigkeit des Begriffes}) / (\text{Gesamtzahl der Wörter im Dokument})$$

berechnet. Der TF-Wert lässt sich verfeinern, indem spezielle Textelemente wie Titel und Überschriften ein höheres Gewicht in der Bewertung erhalten. Neben dem normalen textuellen

Suchanfrage-unabhängige Verfahren

Inhalt können auch in der Webseite enthaltene Meta-Informationen oder Begriffe in der Webadresse ausgewertet werden.

Suchanfrage-unabhängige Verfahren zeichnen sich dadurch aus, dass die konkrete Anfrage des Benutzers bei der Relevanzbewertung der Webseite unberücksichtigt bleibt. Diese Verfahren werden auch oft als *hypermediabasiert* bezeichnet, da sie spezielle Eigenschaften des World Wide Web nutzen. Der *Click Popularity Wert* betrachtet hierzu die relative Häufigkeit, mit der eine Webseite von den Nutzern über die Ergebnislisten der Suchmaschine aufgerufen wird:

$$CP = (Anzahl\ der\ Clicks)/(Anzeigehäufigkeit\ der\ URL)$$

Dieser Wert bildet ein Maß für die Beliebtheit der Webseite bei den Nutzern der Suchmaschine.

Page Rank

Besondere Bedeutung hat der von Sergey Brin und Larry Page, den Gründern der Suchmaschine Google, entwickelte *Page Rank* (Brin u. Page 1998) erlangt. Dieses Suchanfrage-unabhängige Verfahren basiert auf dem im Bereich der wissenschaftlichen Literatur weit verbreiteten Konzept des *Zitationsindex*. Die Grundidee besteht darin, dass ein Dokument umso relevanter ist, je öfter es in anderen Dokumenten zitiert wird. Übertragen auf das World Wide Web bedeutet dies, dass eine Webseite umso relevanter ist, je mehr andere Webseiten mit einem Hyperlink auf sie verweisen.

Das Page Rank Verfahren erweitert dieses Konzept um eine Gewichtung der Verweise. Der Wert eines Hyperlinks ist dabei umso höher, je höher der eigene Relevanzwert der verweisenden Seite und je geringer die Anzahl der von ihr insgesamt ausgehenden Hyperlinks ist. Für eine Webseite A, auf die von Webseiten $T_1,...,T_n$ verwiesen wird, lautet der Page Rank

$$PR(A) = (1-d) + d\ (PR(T_1)/C(T_1) + \cdots + PR(T_n)/C(T_n)).$$

Hierbei gibt $PR()$ den Page Rank einer Webseite und $C()$ die Anzahl der von ihr insgesamt ausgehenden Hyperlinks an. Der Wert d ist einen Dämpfungsfaktor, mit dem der Gesamtwert aller Verweise gewichtet wird. Zusätzlich enthält die Berechnung noch die als *Rank Source* bezeichnete, additive Konstante $(1-d)$.

Im Folgenden werden die Eigenschaften das Page Rank **Beispiel**
Verfahrens anhand des einfachen Beispiels in Abbildung 4.9
betrachtet, in dem zwei Webseiten wechselseitig aufeinander
verweisen.

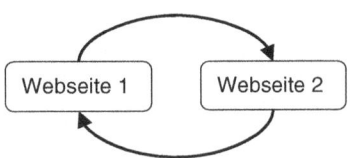

Abbildung 4.9: Einfaches Beispiel

Das Page Rank Verfahren definiert die Relevanz einer Webseite in Abhängigkeit der Relevanz anderer Webseiten. Für den betrachteten Fall ergeben sich die Gleichungen

$$PR(1) = (1-d) + d\,PR(2) \quad \text{und} \quad PR(2) = (1-d) + d\,PR(1).$$

Der wechselseitige Verweis führt hier zu einer Rekursion. Die Berechnung des Page Rank kann somit nicht isoliert für nur eine Webseite erfolgen. Vielmehr ist das gesamte Netzwerk zu berücksichtigen, indem ein Lösungsvektor $(PR(1), PR(2))$ für das Gleichungssystem gesucht wird.

Die Eigenschaften dieser Lösung lassen sich graphisch verdeutlichen. In Abbildung 4.10 ist die wechselseitige Abhängigkeit der Page Ranks beider Webseiten anhand von Reaktionsfunktionen dargestellt.

Der Schnittpunkt beider Geraden zeigt, dass in dem hier betrachteten Fall eine eindeutige Lösung existiert. Die Berechnung kann mit einem Iterationsverfahren erfolgen. Wählt man für $PR(1)$ und $PR(2)$ beliebige Startwerte und führt anschließend eine wechselseitige Berechnung durch, dann konvergiert das Verfahren zum Schnittpunkt beider Geraden. In der Praxis wird dieses Iterationsverfahren solange durchgeführt, bis eine hinreichende Genauigkeit erreicht ist. **Existenz und Eindeutigkeit**

Für die Existenz dieser eindeutigen Lösung ist der Dämpfungsfaktor erforderlich. Andernfalls würde die Steigung beider Geraden 1 betragen und kein (eindeutiger) Schnittpunkt existieren. Im Rahmen einer iterativen Berechnung würde der Page Rank beider Webseiten dann über alle Grenzen wachsen.

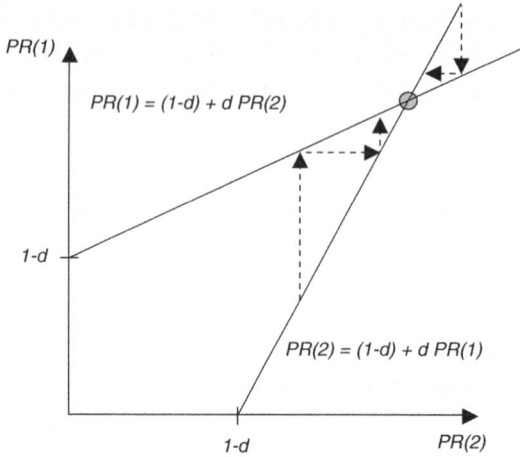

Abbildung 4.10: Reaktionsfunktionen von $PR(1)$ und $PR(2)$

Praxis

Für eine sinnvolle Lösung ist darüber hinaus ein Rank Source notwendig. Andernfalls läge der Schnittpunkt beider Geraden im Nullpunkt des Koordinatensystems. Als triviale Lösung ergäbe sich dann ein Nullvektor, der keine Differenzierung der Webseiten ermöglicht. Aus diesen Überlegungen heraus wird für die Berechnung ein Wert $0 < d < 1$ verwendet.

Das Page Rank Verfahren war bahnbrechend für den Erfolg der Suchmaschine Google und hat mittlerweile unter der Bezeichnung *Link Popularity* auch in die Relevanzbewertung anderer Suchmaschinen Eingang gefunden. In der Praxis wird der Page Rank in Kombination mit anderen Bewertungsverfahren wie dem TF-Wert eingesetzt.

4.3.6. Optimierung und Spamming

Das Ranking einer Webseite hat große Bedeutung für ihre Sichtbarkeit im World Wide Web. Für die Informationsanbieter besteht daher ein Anreiz, die Gestaltung der eigenen Webseiten dahingehend zu optimieren, dass sie von den Suchmaschinen am Anfang der Ergebnislisten platziert werden. Dies wird als *Search Engine Optimization* (SEO) bezeichnet.

Rahmenbedingungen

Die Optimierung kann nur bezüglich bekannter und gestaltbarer Bewertungskriterien einer konkreten Suchmaschine erfolgen und bietet in der Praxis verschiedene Probleme. So halten die Suchmaschinen-Anbieter zum einen ihre Bewertungskriterien weitgehend geheim, um Manipulationen des Ranking zu erschweren. Zum anderen sind einige Bewertungskriterien, wie hochwertige Verweise im Rahmen des Page Rank, vom Informationsanbieter nur bedingt gestaltbar. Darüber hinaus unterscheiden sich die Suchmaschinen in ihren Bewertungskriterien, sodass individuell bezüglich jeder Suchmaschine zu optimieren ist und auch Zielkonflikte möglich sind.

Grundlegende Optimierungen bestehen darin, die eigenen Webseiten so zu gestalten, dass die tatsächlichen Inhalte seitens der Suchmaschinen gut indizierbar sind. Hierzu zählen beispielsweise

Maßnahmen

- der sinnvolle Einsatz relevanter Suchbegriffe im Text,
- textuelle Informationen zu multimedialen Inhalten,
- inhaltsbezogene Domain- und Verzeichnisnamen,
- die kontinuierliche Verfügbarkeit der Webseiten sowie
- Meta-Tags, die den Inhalt der Webseite beschreiben.

Darüber hinaus werden auch oft manipulative Techniken eingesetzt. Ein einfaches Beispiel ist das sogenannte *Keyword Stuffing*, mit dem der TF-Wert einer Webseite bezüglich einzelner Begriffe manipuliert wird. Dazu werden die entsprechenden Wörter in der Webseite gezielt mehrfach wiederholt, um deren relative Häufigkeit zu erhöhen. Zu diesen als *Search Engine Spamming* bezeichneten Methoden zählen auch

- **Blindtexte** in für den Nutzer nicht sichtbarer Formatierung, die ein Keyword Stuffing verbergen sollen,
- **Doorway Pages,** die auf einzelne Suchbegriffe optimiert sind und den Nutzer automatisch auf eine andere Seite weiterleiten,
- **Cloaking,** bei dem der Informationsanbieter dem Robot System andere Webseiten als den normalen Besuchern liefert sowie
- **Link Farms,** in denen anhand vieler Dummy-Webseiten gezielt der Page Rank einer Webseite manipuliert wird.

Search Engine Spamming ist seitens der Suchmaschinen-Anbieter unerwünscht, da es die Qualität der Suchergebnisse und damit auch den Mehrwert für den Nutzer reduziert. Erkannte Manipulationen führen oft dazu, dass der Suchmaschinenbetreiber alle Webseiten des Informationsanbieters von der Indizierung ausschließt.

Payed Placement

Als Alternative zur Optimierung bieten viele Suchmaschinen-Anbieter die Dienstleistung, Webseiten gegen Bezahlung in ihre Ergebnislisten aufzunehmen. Die Platzierung erfolgt dabei wie bei der Optimierung bezüglich vorzugebender Suchbegriffe. Dieses sogenannte *Keyword Advertising* bietet gegenüber anderen Werbeformen im Internet, wie Banner-Werbung auf Portalseiten, den Vorteil geringer Streuverluste, da sich die Ergebnislisten auf ein konkretes Informationsbedürfnis des Nutzers beziehen. Wie auch beim Search Engine Spamming besteht das Problem, dass die so platzierten Webseiten die Qualität der Suchergebnisse reduzieren.

4.4. Webkataloge

Konzept

Webkataloge bieten dem Nutzer thematisch sortierte Listen von Webseiten und werden auch als Web Directory und Link Liste bezeichnet. Die angebotenen Themen sind typischerweise hierarchisch gegliedert und erlauben dem Nutzer damit ein schrittweises Eingrenzen des Suchraumes hin zu der gesuchten Information. Der Suchindex eines Webkataloges wird manuell von Redakteuren erstellt und gepflegt, wobei die Nutzer üblicherweise die Möglichkeit haben, Webseiten für die Aufnahme in den Webkatalog vorzuschlagen. Auch die Anfragebearbeitung erfolgt manuell, indem die Nutzer entsprechend ihres Suchbedürfnisses durch die Themenhierarchie navigieren.

Die manuellen Verarbeitungsschritte führen gegenüber der Automatisierung bei Suchmaschinen zu hohen Suchkosten und einer geringen Verarbeitungsgeschwindigkeit. Aus diesem Grund erfassen Webkataloge auch nur einen sehr kleinen Teil des gesamten World Wide Web. Der Vorteil dieses Suchdienstes liegt in der hohen Qualität einer manuellen Verarbeitung.

Praxis

In der Praxis finden sich sowohl kommerzielle als auch nichtkommerzielle Angebote. Kennzeichnend für kommerzielle Webkataloge wie Yahoo ist die Online-Werbung, anhand derer die Anbieter ihre Erlöse erzielen. Neben der direkten Platzierung von Werbeanzeigen, beispielsweise in Form von Banner-Werbung, kommt dem *Payed Placement* eine wichtige Rolle zu. Wie bei den Suchmaschinen werden dabei Einträge eines Informationsanbieters gegen Bezahlung in den Suchindex aufgenommen. Den zusätzlichen Erlösen des Betreibers steht hierbei ein Verlust an redaktioneller Integrität des Suchindex gegenüber.

Neben den kommerziellen Angeboten existiert mit dem *Open Directory Project* (ODP) ein umfangreicher, nichtkommerzieller Webkatalog. Abgeleitet von der ursprünglichen Webadresse *directory.mozilla.org* wird der Katalog auch als Directory Mozilla (DMOZ) bezeichnet. Die Erstellung und Pflege des Suchindex erfolgt durch ehrenamtliche Redakteure. Seit dem Entstehen des ODP haben über 80.000 Redakteure an dem Katalog mitgewirkt. Der dabei entstandene Suchindex ist frei verfügbar und lässt sich kostenlos aus dem Internet herunterladen. Dies wird auch von kommerziellen Anbietern wie Google genutzt, die den Suchindex des ODP zu Verbesserung ihrer eigenen Suchdienste verwenden.

4.5. Meta-Suchmaschinen

Meta-Suchmaschinen führen im Gegensatz zu normalen Suchmaschinen keine Erfassung und keine Indizierung durch und verfügen infolgedessen auch über keinen eigenen Suchindex. Zur Anfragebearbeitung wird stattdessen auf andere Suchdienste zurückgegriffen. Die Suchanfrage des Nutzers wird dazu in die Anfragesprachen verschiedener Suchdienste transformiert und weitergeleitet. Die einzelnen Suchergebnisse werden anschließend zu einer Gesamtliste zusammengeführt, wobei Dubletten zu entfernen und eine neue Sortierung zu erstellen sind.

Konzept

Das in Abbildung 4.11 dargestellte Konzept der Meta-Suchmaschinen besteht darin, durch das Zusammenführen der Ergebnisse verschiedener Suchdienste eine höhere Abdeckung des Suchraumes und ein qualitativ besseres Suchergebnis zu erzielen. Darüber hinaus entfallen für den Betreiber die Kosten für die Erstellung und Pflege des Suchindex.

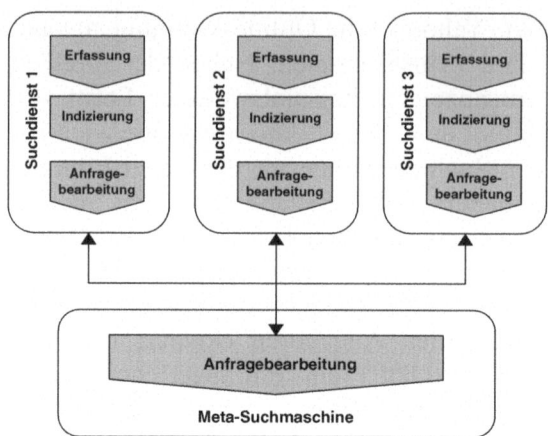

Abbildung 4.11: Konzept einer Meta-Suchmaschine

Praxis

In der Praxis finden sich zahlreiche Meta-Suchmaschinen mit sowohl allgemeiner als auch spezieller Ausrichtung. Als Suchdienste werden neben normalen Suchmaschinen teilweise auch Webkataloge und andere Informationsquellen wie die Wikipedia eingebunden. Für die genutzten Suchdienste besteht jedoch die Möglichkeit, die Nutzung seitens einer Meta-Suchmaschine zu unterbinden. Insbesondere kommerzielle Suchdienstleister dürften diese Möglichkeit im Fall einer Konkurrenzsituation nutzen.

4.6. Übungsaufgaben

1. Auf der Suche nach einem möglichst günstigen Angebot des Joggingschuhs „Wieselflink" planen Sie eine statische Suchstrategie. Sie schätzen die Angebotspreise gleichverteilt im Intervall von 100 bis 200 €. Ihre Zahlungsbereitschaft beträgt 200 €. Für die Suche zu Fuß veranschlagen Sie Kosten von 10 € pro Suchschritt. Eine Zeitpräferenz in Form eines Diskontfaktors vernachlässigen Sie.

    a. Wie viele Suchschritte planen Sie?

    b. Welchen Preis erwarten Sie als Suchergebnis?

2. Worin besteht der Vorteil der Optimal Stopping Rule gegenüber der statischen Suchstrategie? Unter welchen Bedingungen führt sie zu einem besseren Ergebnis?

3. Sie planen ihre Suche nach dem günstigsten Schuhangebot alternativ anhand der Optimal Stopping Rule.

    a. Bei welchem Preis brechen Sie Ihre Suche ab? Welchen Preis erwarten Sie als Suchergebnis?

    b. Da die Anbieter auch im Internet präsent sind, können Sie die Suche alternativ per Webbrowser zu Kosten von 0,01 € pro Suchschritt durchführen. Welchen Preis akzeptieren Sie?

    c. Diskutieren Sie die Auswirkungen neuer Suchdienste im Internet auf Anbieter, Wettbewerbsintensität und Marktstruktur.

4. Welche Besonderheiten hat der Suchraum Internet? Mit welchen Konzepten lässt sich dies in der Suche berücksichtigen?

5. Wie lässt sich das Ranking einer Webseite verbessern? Welche Probleme bestehen dabei?

6. Welche Grundidee liegt dem Page Rank Verfahren zugrunde? Um welche Aspekte wurde diese Idee erweitert?

7. Berechnen Sie für die drei dargestellten Webseiten den Page Rank mit einem Dämpfungsfaktor von $d = 0{,}85$. Stellen Sie eine iterative Berechnung an. Wählen Sie die Startwerte $PR(1) = PR(2) = PR(3) = 0$ und führen Sie drei Iterationsrunden durch. Welches Ranking ergibt sich?

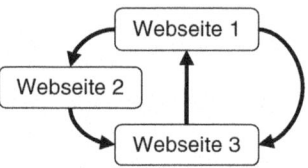

8. Welche Bedeutung haben der Dämpfungsfaktor d und der Rank Source $(1 - d)$ im Page Rank Verfahren?

5. Markttransparenz und Wettbewerb

Onlineshops bieten die Möglichkeit, eine große Zahl von Nachfragern mit detaillierten Angebotsinformationen zu erreichen. Der klassische Tradeoff zwischen dem Informationsumfang und der Reichweite (engl. *Richness versus Reach*) einer Werbemaßnahme mit festem Budget ist im Internet weitgehend aufgelöst. Darauf aufbauend können die Nachfrager das Medium nutzen, um bei sehr geringen Suchkosten nach Anbietern und Preisen eines Produktes zu recherchieren. Digitale Suchdienste in Form von Preissuchmaschinen tragen dazu bei, die Markttransparenz weiter zu erhöhen. Für die Anbieter kann sich die Wettbewerbsintensität damit deutlich erhöhen.

5.1. Transparenz und Preiskampf

Preissuchmaschinen liefern dem Nutzer zu einem vorgegebenen Produkt eine nach Preisen sortierte Anbieterliste. Diese digitale Dienstleistung wird üblicherweise kostenfrei in Verbindung mit Online-Werbung bereitgestellt. Der Suchraum ist zumeist auf eine vom Suchmaschinenbetreiber festgelegte Menge von Onlineshops beschränkt. Vor diesem Hintergrund existieren mittlerweile auch Meta-Preissuchmaschinen, die durch die Aggregation verschiedener Suchergebnisse eine größere Abdeckung erreichen können.

Preissuche im Internet

Die Anwendbarkeit einer digitalen Preissuche hängt von dem gesuchten Produkt ab. Wesentliche Voraussetzungen sind eine eindeutige Bezeichnung und die Homogenität der angebotenen Güter. Dies ist unter anderem bei Unterhaltungsmedien wie DVDs und CDs, Elektrogeräten und Unterhaltungselektronik typischerweise der Fall. Andere Güter wie Kleidung oder Pauschalreisen sind demgegenüber eher inhomogen und für eine digitale Preissuche entsprechend weniger geeignet.

5.1.1. Bertrand Wettbewerb

Modell

Die Auswirkungen einer vollständigen Markttransparenz lassen sich am Modell des *Bertrand Wettbewerbs* aufzeigen. In einem Dyopol stehen zwei Anbieter einer großen Zahl von Nachfragern gegenüber. Die Anbieter produzieren ein homogenes Gut zu konstanten, identischen variablen Stückkosten $c = c_1 = c_2$. Es bestehen keine Kapazitätsrestriktionen, sodass jeder Anbieter die Gesamtnachfrage alleine bedienen kann. Damit liegt eine subadditive Kostenstruktur und ein natürliches Monopol vor.

Aufgrund der vollkommenen Preistransparenz kaufen die Nachfrager ausschließlich bei dem günstigeren Anbieter. Bei identischen Preisen verteilt sich die Nachfrage zu gleichen Teilen auf beide Anbieter. Auf den Anbieter i entfällt damit in Abhängigkeit seines Preises p_i und des Preises p_j seines Konkurrenten eine Nachfrage von

$$D_i(p_i, p_j) = \begin{cases} D(p_i) & \textit{falls } p_i < p_j \\ 0 & \textit{falls } p_i > p_j \\ D(p_i)/2 & \textit{falls } p_i = p_j \end{cases}$$

Der Gewinn jedes Anbieters beträgt bei Vernachlässigung der Fixkosten $\pi_i(p_i, p_j) = (p_i - c_i)D_i(p_i, p_j)$.

Anpassungsprozess

Für beide Anbieter besteht der Anreiz, den Preis des Konkurrenten um einen marginalen Betrag ε zu unterbieten, um damit die gesamte Nachfrage zu erhalten. Der Anbieter i wählt also einen Preis $p_i(p_j) = p_j - \varepsilon$. Im Preiswettbewerb ergibt sich daraus der in Abbildung 5.1 dargestellte Anpassungsprozess.

Die in der Abbildung dargestellten Reaktionsfunktionen zeigen, wie die Anbieter ihre Angebotspreise wechselseitig reduzieren, bis der Punkt $p_i = c_i$ erreicht ist. Eine weitere Preissenkung ist unprofitabel, da negative Deckungsbeiträge erwirtschaftet würden. Der Preis $p_1 = p_2 = c$ stellt damit ein Nash-Gleichgewicht dar, in dem keine weiteren Preisanpassungen stattfinden.

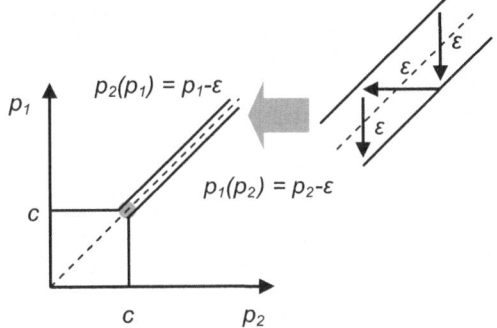

Abbildung 5.1: Bertrand Preiskampf

In der Praxis kann dieser Prozess durch manuelle Anpassungsschritte erfolgen, oder aber die Anbieter antizipieren das Verhalten des Konkurrenten und gelangen so direkt zum Gleichgewichtspreis. Im Internet können die Anbieter auch Preissuchmaschinen nutzen, um ihre Konkurrenten zu beobachten und die eigenen Preise automatisch anzupassen.

Das Ergebnis dieses Modells ist im Vergleich zu dem naheliegenden Monopolfall mit nur einem Anbieter überraschend und wird daher als *Bertrand Paradox* bezeichnet. Während einem Monopolisten als Preissetzer vollkommene Marktmacht zukommt, geht diese bereits beim Hinzutreten nur eines weiteren Anbieters vollständig verloren. Beide Anbieter erwirtschaften Verluste, da die Fixkosten bei einem Preis in Höhe der variablen Stückkosten nicht gedeckt werden. Es findet ein ruinöser Wettbewerb statt, in dem langfristig ein Anbieter aus dem Markt ausscheidet und ein Angebotsmonopol zurücklässt. Aus dieser langfristigen Perspektive ist der Zermürbungskampf (engl. *War of Attrition*) für den im Markt verbleibenden Anbieter profitabel, falls spätere Monopolgewinne die anfänglichen Verluste kompensieren.

Bertrand Paradox

5.1.2. Praxisrelevanz für das Internet

Das Bertrand Paradox basiert auf dem idealisierten Modell eines Preiskampfes im Dyopol und führt zu einem ruinösen Wettbewerb. In der Praxis werden demgegenüber in Märkten mit wenigen Anbietern auch teilweise deutliche Gewinne erzielt. Damit stellt sich die Frage, inwieweit das theoretische Ergebnis auf die Praxis übertragbar ist.

Modellvarianten

So lässt sich das Bertrand Paradox lösen, indem die zentrale Annahme der vollkommenen Preistransparenz aufgegeben wird. Falls ein Teil der Nachfrager in Unkenntnis des Konkurrenzangebotes grundsätzlich bei einem der Anbieter kauft, so besteht bei Angebotspreisen $p_1 = p_2 = c$ die Möglichkeit, durch eine Preiserhöhung positive Deckungsbeiträge zu erwirtschaften ohne die gesamte Nachfrage zu verlieren. Die Bertrand Lösung ist dann kein Gleichgewicht mehr und die Anbieter können positive Gewinne erzielen.

Die Edgeworth-Lösung des Bertrand Paradox besteht darin, das Modell um Kapazitätsrestriktionen zu erweitern. Falls die Produktionskapazität eines Anbieters nicht ausreicht, um die Gesamtnachfrage zu bedienen, so entfällt auch auf den Anbieter mit dem höheren Preis ein Teil der Nachfrage. Damit besteht auch hier die Möglichkeit, durch eine Preiserhöhung positive Deckungsbeiträge zu erwirtschaften.

Einen weiteren Aspekt bilden die variablen Stückkosten beider Anbieter. Falls diese voneinander abweichen besteht für den günstiger produzierenden Anbieter i die Möglichkeit, mit einem Preis $c_i < p_i < p_j$ die Verlustgrenze des Konkurrenten zu überschreiten und dennoch positive Deckungsbeiträge zu erwirtschaften. In diesem Fall wird das Bertrand Paradox durch das Ausscheiden eines Teilnehmers gelöst.

Internet

Für konventionelle Märkte bieten die genannten Modellierungsvarianten oft eine plausible Lösung des Bertrand Paradox. Für das Internet und insbesondere ideale digitale Güter sind demgegenüber tendenziell die Annahmen des Bertrand Modells zutreffend. Preissuchmaschinen können weitgehende Markttransparenz herstellen. Ideale digitale Güter sind unbegrenzt reproduzierbar, womit keine Kapazitätsrestriktionen bestehen. Die variablen Stückkosten sind marginal, sodass auch keine Kostenunterschiede vorliegen. In diesem Fall führt die Bertrand Lösung sogar zu Preisen $p = c = 0$, also einem kostenlosen Angebot des Produktes.

Beispiele

Ein Beispiel ist die Konkurrenz der Unternehmen Netscape und Microsoft um den Markt für Webbrowser. Im Zeitraum von 1995 bis 1998 wurden von beiden Unternehmen kontinuierlich neue Programmversionen kostenlos angeboten. Microsoft konnte die Verluste im Zermürbungskampf um dieses strategische

Produkt aus anderen Unternehmensgewinnen bestreiten und letztendlich das Angebotsmonopol übernehmen. Der Wert des Angebotsmonopols bestand hier nicht in direkten Erlösen aus dem Verkauf des Webbrowsers, sondern in der Kontrolle eines strategisch wichtigen Marktsegments.

Die zentrale Implikation des Bertrand Paradox besteht darin, dass Preistransparenz zu einem ruinösen Wettbewerb führen kann, an dessen Ende ein Angebotsmonopol steht. Für das Internet sind die zugrunde gelegten Annahmen im Gegensatz zu klassischen Märkten tendenziell eher gegeben. Insbesondere in Märkten mit vielen Anbietern können Preissuchmaschinen die Markttransparenz und die Konkurrenzsituation deutlich erhöhen.

Die Praxisrelevanz dieser Überlegung zeigt sich bereits an einer der ersten Preissuchmaschinen. Der *BargainFinder* war eine prototypische Preissuchmaschine, die von dem Beratungsunternehmen Andersen Consulting im Jahr 1995 zum Preisvergleich von Musik-CDs entwickelt wurde. Als Reaktion auf die damit sprunghaft gestiegene Preistransparenz sperrten ein Drittel der betroffenen Onlineshops den Zugriff der Suchmaschine auf ihr Angebot.

5.1.3. Wettbewerbsstrategien

Mit zunehmendem Preiswettbewerb stellt sich die Frage nach geeigneten Wettbewerbsstrategien. Als grundsätzliche Konzepte kommen hierbei

- die Preisführerschaft,
- die Produktdifferenzierung sowie
- Absprachen und Kartelle zwischen den Anbietern

in Betracht.

Bei der *Preisführerschaft* sucht der Anbieter eine Konfrontation mit den Konkurrenten, wie sie bereits am Beispiel des Bertrand Wettbewerbs betrachtet wurde. Hierzu werden die Preise der anderen Anbieter unterboten, um sie aus dem Markt zu drängen. In Abhängigkeit der Kostensituation kann dies einen Zermürbungskrieg beinhalten, in dem alle Anbieter

Preisführerschaft

zeitweilig negative Deckungsbeiträge erwirtschaften. Bei Erfolg führt diese Strategie zu einem Angebotsmonopol.

Produktdifferenzierung

Die *Produktdifferenzierung* kann einem Anbieter dazu dienen, der direkten Konkurrenz auszuweichen. Dazu spezialisiert sich der Anbieter auf einen Teilmarkt, in dem er weitgehend als Monopolist agieren kann. Es entsteht eine Aufteilung des Gesamtmarktes in die Teilmärkte verschiedener Anbieter, zwischen denen eine sogenannte *monopolistische Konkurrenz* stattfindet.

Absprachen

Als weitere Möglichkeit kann der Anbieter im Rahmen von *Absprachen* und *Kartellen* die Kooperation mit den Konkurrenten suchen. Hierbei stimmen die Anbieter ihr Verhalten untereinander ab und vermeiden damit den Wettbewerb zum gegenseitigen Vorteil. Es verbleiben mehrere Anbieter im Markt, deren gemeinsames Verhalten jedoch weitgehend dem eines Monopolisten entspricht.

5.2. Preisabsprachen im Internet

Konzept

Absprachen und Kartelle bieten eine Möglichkeit, dem Bertrand Preiskampf auszuweichen. Im Rahmen einer Preisabsprache vereinbaren die Anbieter dazu einen einheitlichen Angebotspreis. Wird eine derartige Absprache explizit in einem institutionalisierten Rahmen durchgeführt, so spricht man auch von einem Preiskartell. Eine implizite Absprache liegt demgegenüber vor, falls das abgestimmte Verhalten ohne eine gegenseitige Vereinbarung zustande kommt.

Derartige Absprachen können neben dem Angebotspreis auch andere Handlungsparameter betreffen. In Mengenkartellen wie der Organisation Erdöl exportierender Länder (OPEC) wird anstelle des Preises die Produktions- beziehungsweise Fördermenge festgelegt. In Bietkartellen stimmen sich die Bieter einer Auktion hinsichtlich ihrer Gebote ab, um das Auktionsgut zu einem möglichst geringen Preis zu erhalten.

Das Ziel einer Preisabsprache besteht darin, den Wettbewerb zu vermeiden, um damit einen höheren Gewinn zu erzielen. Im Idealfall schließen sich alle Anbieter eines Marktes zu einem Kartell zusammen. Die optimale Preisabsprache folgt weitgehend dem Kalkül eines Monopolisten. Dabei ist jedoch zu berücksichtigen, dass jeder Anbieter typischerweise eine eigene Produktion betreibt und entsprechende Produktionskosten zu tragen hat.

Das Zustandekommen eines Preiskartells setzt die Beteiligung aller wesentlichen Anbieter des Marktes voraus. Andernfalls können kartellexterne Anbieter mit einer Preissetzung unterhalb des Kartellpreises profitieren. In der Praxis wird die Kartellbildung durch Märkte mit einem festen Anbieterkreis und hohen Markteintrittsbarrieren begünstigt. Um für alle Anbieter einen Anreiz zur Teilnahme zu schaffen, muss der Kartellgewinn zwischen den Kartellmitgliedern aufteilbar sein. Dies kann beispielsweise durch eine Aufteilung der Nachfrage oder monetäre Transfers zwischen den Mitgliedern erfolgen.

Voraussetzungen

Für jedes Kartellmitglied besteht der Anreiz, die Kartellabsprache zu brechen und durch eine Preissenkung zusätzliche Nachfrage zu erhalten. Um dies zu verhindern, müssen Kartellbrüche erkennbar und bestrafbar sein. Darüber hinaus müssen Kartellabsprachen zumeist vertraulich erfolgen, da sie in der Regel wettbewerbsrechtlich unzulässig sind. Insoweit sind auch keine rechtsverbindlichen Kartellverträge möglich. Dies erschwert sowohl das Durchsetzen einer Strafe bei Kartellbruch als auch monetäre Transfers zwischen den Kartellmitgliedern.

5.2.1. Einmalige Preisabsprachen

Als einfaches Modell einer Preisabsprache werden zwei Anbieter eines idealen digitalen Gutes betrachtet. Es gelten die für den Bertrand Wettbewerb getroffenen Annahmen, jedoch haben beide Anbieter einmalig die Wahl zwischen einem Preiskampf und einer Preisabsprache. Aus dem beiderseitigen Preiskampf resultiert ein Angebotspreis von $p_i = c_i = 0$ und damit ein Verlust in Höhe der Fixkosten $\pi_i = -F_i$.

Bei einer Preisabsprache maximieren die Anbieter demgegenüber den Erlös und wählen wie ein Monopolist den Preis

Preisabsprache

$$p^* = argmax_p \, p \, D(p).$$

Entsprechend dem Bertrand Modell sei angenommen, dass bei identischen Preisen $p_1 = p_2 = p^*$ auf beide Anbieter jeweils eine Hälfte der Nachfrage entfällt. Der Gewinn eines Anbieters bei Preisabsprache beträgt damit

$$\pi_i^A = p^*D(p^*)/2 - F_i.$$

Im Gegensatz zur Monopollösung treten die Fixkosten bei jedem der Anbieter und damit doppelt auf.

Kartellbruch Die Preisabsprache bietet eine Verbesserung gegenüber dem Preiskampf. Für die Anbieter besteht jedoch ein Anreiz, die Preisabsprache zu brechen. Wählt Anbieter j absprachegemäß den Preis $p_j = p^*$, so kann Anbieter i durch eine marginale Preissenkung $p_i = p_j - \varepsilon$ die gesamte Nachfrage gewinnen und mit $\varepsilon \rightarrow 0$ näherungsweise den Monopolgewinn von

$$\pi_i^M = p^*D(p^*) - F_i$$

erzielen. Auf Anbieter j entfällt dann keine Nachfrage und somit ein Verlust in Höhe der Fixkosten. Die Handlungsalternativen sind in Abbildung 5.2 in Matrixform zusammengefasst.

	Preis-absprache	Preis-kampf
Preis-absprache	π_1^A, π_2^A	$-F_1, \pi_2^M$
Preis-kampf	$\pi_1^M, -F_2$	$-F_1, -F_2$

Abbildung 5.2: Auszahlungsmatrix der Preisabsprache

Gefangenen-dilemma Für beide Anbieter ist der Preiskampf unabhängig von der Entscheidung des Konkurrenten die gewinnmaximale Alternative und damit eine sogenannte *dominante Strategie*. Beide Anbieter werden als rationale Akteure daher den Preiskampf wählen, woraus ein Bertrand Wettbewerb und Verluste in Höhe der Fixkosten resultieren. Es handelt sich bei dieser Entscheidungssituation um ein sogenanntes *Gefangenendilemma*, in dem das individuelle Gewinnstreben beider Akteure eine Kooperation verhindert und zu einem ineffizienten Ergebnis führt.

Das Gefangenendilemma beruht in diesem Beispiel wesentlich darauf, dass Preisabsprachen wettbewerbsrechtlich unzulässig und damit nicht vertraglich vereinbar sind. Andernfalls könnten die Anbieter eine Strafzahlung vereinbaren, durch die ein Bruch der Preisabsprache unprofitabel und Kooperation möglich wird.

5.2.2. Wiederholte Preisabsprachen

Preisabsprachen können auch ohne rechtsverbindliche Verträge zustande kommen, falls die Anbieter zeitlich unbegrenzt im Markt tätig sind. Als einfaches Modell sei angenommen, dass beide Anbieter in regelmäßigen Zeitabständen Δt die Möglichkeit haben, ihr Verhalten für die nächste Periode zu wählen. Der Zeitabstand Δt lässt sich als Reaktionszeit auf den Bruch einer Preisabsprache interpretieren.

Modell

Jede einzelne Periode $t = 1, 2, 3,\ldots$ entspricht dem Modell der einfachen Preisabsprache. Der Gesamtgewinn ergibt sich aus der mit einem Diskontfaktor δ gewichteten Summe der einzelnen Periodengewinne

$$\pi_i = \sum_t \pi_{i,t} \delta^t.$$

In diesem erweiterten Modell können die Anbieter ihr eigene Strategie von dem bisherigen Verhalten ihres Konkurrenten abhängig machen. Angenommen, beide Anbieter einigen sich darauf die Preisabsprache solange zu befolgen, bis der jeweils andere davon abweicht. Im Falle eines Abweichens wählt der geschädigte Anbieter in allen Folgeperioden den Preiskampf. Dieses Konzept wird auch als *Trigger-Strategie* bezeichnet, da ein einmaliger Bruch der Absprache ein zeitlich unbegrenztes Bestrafungsverhalten auslöst.

Trigger-Strategien

Ein Bruch der Preisabsprache hat in diesem Szenario einen einmaligen Gewinn sowie Verluste aus dem anschließenden Preiskampf zur Folge. Der einseitige Bruch der Preisabsprache durch Anbieter i in der Periode t führt zu einem einmaligen Gewinn von

$$^t\Delta\pi_{i,t} = {}^t(\pi_i^M \quad \pi_i^A).$$

In allen folgenden Perioden wählt der Konkurrent im Rahmen der Trigger-Strategie den Preiskampf und für Anbieter i entsteht gegenüber der Preisabsprache in jeder Folgeperiode ein Verlust von $\Delta\pi_{i,t} = -\pi_i^A - F_i$. Die abdiskontierte Summe der Verluste beträgt

$$\delta^{t+1}\Delta\pi_{i,t+1} + \delta^{t+2}\Delta\pi_{i,t+2} + \cdots = -\delta^{t+1}/(1-\delta)(\pi_i^A + F_i).$$

Stabilitätsbedingung

Die Preisabsprache ist genau dann stabil, falls der einmalig erzielte Gewinn die Verluste des anschließenden Preiskampfes nicht übersteigt. Die Stabilitätsbedingung für die Preisabsprache lautet damit

$$(\pi_i^M - \pi_i^A) \leq \delta/(1-\delta)(\pi_i^A + F_i).$$

Die Stabilität hängt neben den Auszahlungen π_i^M, π_i^A und F_i auch von dem zugrunde gelegten Diskontfaktor δ ab. Durch Umformen ergibt sich für den Diskontfaktor die Stabilitätsbedingung

$$\delta \geq (\pi_i^M - \pi_i^A)/(\pi_i^M + F_i).$$

Der rechte Teil der Ungleichung weist für jedes Marktszenario einen Betrag $(\pi_i^M - \pi_i^A)/(\pi_i^M + F_i) < 1$ auf, sodass jede Preisabsprache bei ausreichend hoher Bewertung zukünftiger Auszahlungen stabil ist.

5.2.3. Möglichkeiten im Internet

Mit der Digitalisierung von Wettbewerbsprozessen im Internet können sich die Reaktionszeiten der Akteure erheblich verkürzen. Im betrachteten Modell lässt sich die Periodendauer Δt als Reaktionszeit auf einen Kartellbruch interpretieren. Bei einem gegebenen Diskontfaktor pro Zeiteinheit geht eine Verkürzung der Periodendauer mit einer Erhöhung des Diskontfaktors pro Periode einher. Eine Verkürzung der Periodendauer beeinflusst damit auch die Stabilität von Preisabsprachen. Eine Halbierung der Periodendauer $\Delta t' = \Delta t/2$ führt zu einem Diskontfaktor von $\delta' = \sqrt{\delta}$. Im Grenzfall einer Periodendauer von $\Delta t \to 0$ nähert sich der Diskontfaktor dem Wert $\delta \to 1$, womit die Stabilitätsbedingung immer erfüllt ist.

Mit der Verkürzung der Periodendauer verändern sich auch die Auszahlungen π_i^A, π_i^M und F_i. Interpretiert man die Größen als Auszahlungen pro Zeiteinheit, so führt eine Halbierung der Periodendauer zu einer Halbierung der Auszahlungen. Diese Veränderung hat jedoch keine Auswirkungen auf die Stabilitätsbedingung, da sie in alle Auszahlungen linear eingeht.

Ein Beispiel für verkürzte Reaktionszeiten bietet der Vergleich der Vertriebswege Print-Katalog und Onlineshop. Im klassischen Versandhandel bestehen große Reaktionszeiten, da die Hauptkataloge der Anbieter zumeist halbjährlich gedruckt und die darin enthaltenen Preisinformationen bis zum nächsten Hauptkatalog nur durch den aufwändigen Druck von Sonderprospekten aktualisierbar sind. Im Internet kann ein Onlineshop den klassischen Print-Katalog ersetzen. Dies bietet zum einen die Möglichkeit, jeden Einzelpreis nahezu verzögerungslos und ohne Kosten zu verändern. Zum anderen bieten Preissuchmaschinen die technische Möglichkeit, die Preise einer großen Zahl von Konkurrenzangeboten automatisch zu überwachen und auf Veränderungen sofort zu reagieren. Insgesamt ergeben sich so drastisch verkürzte Reaktionszeiten.

Beispiel

Die mit dem Einsatz von Preissuchmaschinen geschaffene Markttransparenz führt damit nicht zwangsläufig zu einem ruinösen Preiskampf. Vielmehr ergeben sich mit verkürzten Reaktionszeiten auch neue Möglichkeiten, dem Wettbewerb auszuweichen. So kann eine automatische, verzögerungslose Preisüberwachung auch zur Stabilität von Kartellabsprachen beitragen und sie in Bereichen ermöglichen, in denen dies bislang nicht der Fall war.

Fazit

5.3. Produktdifferenzierung

Die Produktdifferenzierung bietet eine weitere Möglichkeit, dem Bertrand Preiskampf auszuweichen. Der Anbieter spezialisiert sich dazu auf einen Teil des Marktes und bietet Produkte an, die nur beschränkt durch Konkurrenzprodukte substituierbar sind. Die Konkurrenzsituation zu anderen Anbietern wird reduziert und der einzelne Anbieter kann in seinem Teilmarkt in begrenztem Umfang als Monopolist agieren.

Es lassen sich zwei Formen der Produktdifferenzierung unterscheiden. Bei *horizontaler Differenzierung* variieren die Produkte dergestalt, dass die Nachfrager unterschiedliche Präferenz-Reihenfolgen haben. Bei identischen Angebotspreisen würden sich also nicht alle Nachfrager für dasselbe Produkt

Horizontale Differenzierung

entscheiden. Bei dem Differenzierungsmerkmal der Produkte kann es sich um Eigenschaften wie das Muster einer Tapete oder den Standort des Anbieters handeln.

Vertikale Differenzierung

Bei *vertikaler Differenzierung* haben demgegenüber alle Nachfrager dieselbe Präferenz-Reihenfolge und würden sich bei identischen Preisen für dasselbe, beste Produkt entscheiden. Es besteht eine allen Nachfragern gemeinsame, ordinale Präferenzordnung. Die individuellen Zahlungsbereitschaften können jedoch weiterhin mit dem einzelnen Nachfrager variieren. Dies ist häufig bei einer Differenzierung der Produktqualität der Fall, beispielsweise dem Funktionsumfang eines Softwareproduktes.

Für den Wettbewerb zwischen Anbietern bietet das Hotelling Modell einer horizontalen Produktdifferenzierung einen Rahmen, in dem sich auch neue Konzepte wie die Mass Customization und der Long Tail abbilden lassen. Die Modelle zur vertikalen Differenzierung untersuchen demgegenüber zumeist die Sortimentsgestaltung eines einzelnen Anbieters. Das Szenario entspricht dabei in der Regel der bereits in Abschnitt 3.2 untersuchten Preisdifferenzierung zweiten Grades.

5.3.1. Horizontale Differenzierung

Modell

Als einfaches Szenario einer horizontalen Produktdifferenzierung wird das nach Harold Hotelling benannte *Hotelling Modell* (Hotelling 1929) einer linearen Stadt betrachtet. Zwei Anbieter produzieren ein homogenes Gut zu variablen Stückkosten von c_i und bieten es an jeweils einem Ende einer Straße zum Preis p_i an. Die hier modellierte räumliche Differenzierung steht stellvertretend für ein beliebiges Merkmal der ansonsten homogenen Produkte. Alternativ könnte die Differenzierung anstelle des Angebotsortes auch die Farbe oder den Geschmack eines Produktes betreffen, wobei im Hotelling Modell ein kontinuierliches Differenzierungsmerkmal zugrunde gelegt wird.

Entlang der als Differenzierungsspektrum betrachteten Straße befindet sich ein Kontinuum von Nachfragern, die jeweils genau eine Einheit des Produktes erwerben möchten. Zur Vereinfachung seien die Straße auf das Intervall $x \in [0, 1]$ normiert und die Nachfrager entlang der Straße mit der Dichte $f(x) = 1$ gleichverteilt angeordnet. Bei der Wahl des Anbieters

5.3. Produktdifferenzierung

berücksichtigen die Nachfrager neben den Angebotspreisen zusätzlich die Transportkosten, die beim Kauf in Höhe der Entfernung zum Anbieter entstehen. In Abbildung 5.3 ist dies für einen Nachfrager an der Position x illustriert.

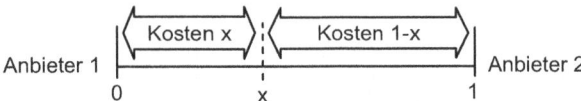

Abbildung 5.3: Räumliche Differenzierung im Hotelling Modell

Jeder Nachfrager entscheidet sich in Abhängigkeit der Angebotspreise p_1 und p_2 sowie seiner Position x für das für ihn günstigere Produkt. Zur Vereinfachung der Nachfragefunktion wird angenommen, dass sich alle Nachfrager zum Kauf entscheiden, also hinreichend große Zahlungsbereitschaften besitzen.

Die Nachfragefunktion ergibt sich daraus wie folgt. Bei identischen Angebotspreisen $p_1 = p_2$ ist ein Nachfrager an der Stelle $x = 1/2$ indifferent in seiner Produktentscheidung. Zu den beiden Seiten dieses Punktes entfällt damit jeweils die Hälfte der Gesamtnachfrage auf einen der Anbieter. Im Falle einer Preisdifferenz verschiebt sich dieser Indifferenzpunkt in Richtung des teureren Anbieters. Entsprechend lautet die auf das Intervall $[0, 1]$ normierte Nachfragefunktion für Anbieter i

$$D_i(p_1, p_2) = (1 + p_j - p_i)/2.$$

Kalkül

Zu beachten ist, dass diese Nachfragefunktion nur für hinreichend kleine Preisdifferenzen $|p_1 - p_2| \leq 1$ gilt. Die Anbieter erzielen einen Gewinn von

$$\pi_i(p_1, p_2) = (p_i - c_i) D_i(p_1, p_2) - F_i.$$

Aus der Gewinnmaximierung ergibt sich daraus die Reaktionsfunktion

$$p_i^*(p_j) = (1 + p_j + c_i)/2,$$

die für Anbieter i den gewinnmaximalen Preis p_i bei einem gegebenen Angebotspreis des Konkurrenten p_j liefert. Ein Marktgleichgewicht ist hierbei ein Paar von Angebotspreisen (p_1, p_2), für das $p_2^*(p_1) = p_2$ und $p_1^*(p_2) = p_1$ gilt.

Zur Vereinfachung wird das Gleichgewicht für den Fall eines idealen digitalen Gutes mit variablen Stückkosten von $c_i = 0$

Gleichgewicht

betrachtet. In Abbildung 5.4 sind die Reaktionsfunktionen beider Anbieter dargestellt.

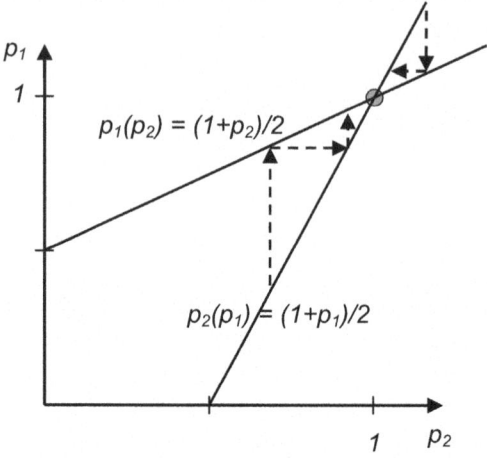

Abbildung 5.4: Reaktionsfunktionen im Hotelling Modell

Das Marktgleichgewicht befindet sich im Schnittpunkt der Reaktionsfunktionen bei Preisen $p_1 = p_2 = 1$. Die eingezeichneten Pfeile illustrieren den Anpassungsprozeß und zeigen, dass es sich um ein stabiles Gleichgewicht handelt.

Wettbewerbseffekt

Mit der Produktdifferenzierung gelingt es den Anbietern, den Wettbewerb zu reduzieren und positive Deckungsbeiträge zu erwirtschaften. Der ruinöse Preiskampf des Bertrand Modells wird vermieden. Der Differenzierungsgrad der Produkte entscheidet dabei, wie stark der zwischen den Anbietern verbleibende Wettbewerb ist. Mit dem Grenzfall eines sehr großen Abstandes entstehen zwei voneinander unabhängige Monopolmärkte. Der umgekehrte Grenzfall einer sehr kleinen Differenzierung führt zurück zum Bertrand Wettbewerb.

Positionswettbewerb

Zu dem Hotelling Modell existieren zahlreiche Varianten. So lässt sich beispielsweise der Fall betrachten, dass die Anbieter anstelle des Preises über die Positionierung ihres Angebotes entlang des Differenzierungsspektrums zu entscheiden haben. Dazu sei vereinfachend angenommen, dass beide Anbieter identische Preise $p = p_1 = p_2$ verlangen, die zudem nicht veränderbar sind. Jeder Nachfrager wählt dementsprechend das ihm näherliegende Produkt. Die Anbieter können die Position x_i ihres Angebotes beliebig oft und ohne Kosten verändern, wobei sich in Abhängigkeit der Anbieterzahl die in Abbildung 5.5 dargestellten Positionsgleichgewichte ergeben.

5.3. Produktdifferenzierung

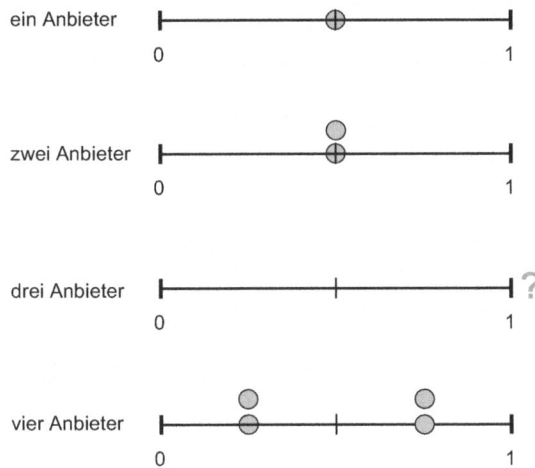

Abbildung 5.5: Positionsgleichgewichte im Hotelling Modell

Bei nur einem Anbieter ist die Positionierung unter Wettbewerbsgesichtspunkten unerheblich, falls alle Nachfrager unabhängig von der Distanz kaufen. Unter Wohlfahrtsaspekten ist demgegenüber die mittige Position $x_1 = 1/2$ optimal, da dies die Transportkosten minimiert.

Ein Anbieter

Mit zwei Anbietern existiert genau ein Gleichgewicht, in dem sich beide Anbieter in der Mitte $x_1 = x_2 = 1/2$ positionieren und die Gesamtnachfrage teilen. Dies ergibt sich aus folgender Überlegung. Wählt ein Anbieter i eine Position links der Mitte $x_i < 1/2$, so platziert sich der Konkurrent mit $x_j = x_i + \varepsilon$ direkt rechts daneben und erhält die gesamte Nachfrage der größeren Marktseite. Analog kann sich Anbieter i daraufhin rechts neben Anbieter j positionieren. Ausschließlich in der Mitte besteht kein Anreiz zur Repositionierung. Unter Wohlfahrtsaspekten wären demgegenüber die Positionen $x_1 = 1/4$ und $x_2 = 3/4$ optimal.

Zwei Anbieter

Bei drei Anbietern existiert kein Gleichgewicht, da immer für mindestens einen der Anbieter der Anreiz besteht, die eigene Position zu verändern.

Drei Anbieter

Mit vier Anbietern existiert erneut ein Gleichgewicht mit jeweils zwei Anbietern an den Positionen $x_{1,2} = 1/4$ und $x_{3,4} = 3/4$. Die verschiedenen Szenarien zeigen, dass die Anbieter die Differenzierungsmöglichkeiten in der Regel nicht voll ausschöpfen.

Vier Anbieter

5. Markttransparenz und Wettbewerb

Hotelling Gesetz

Das Gleichgewicht für zwei Anbieter ist auch als *Hotelling Gesetz* und im Kontext des Parteienwettbewerbs als *Medianwähler Theorem* bekannt. Es zeigt, dass im Wettbewerb um die Nachfrage auch Anreize zur Produktvereinheitlichung bestehen können. Die dargestellten Gleichgewichte gelten jedoch nur für den Fall, dass ein Preiswettbewerb aufgrund fest vorgegebener Preise ausgeschlossen ist. Sie können sich deutlich verändern, falls beispielsweise die Kosten einer Repositionierung oder ein simultaner Preiswettbewerb betrachtet werden.

In der Praxis platzieren die Anbieter zudem nicht nur einzelne Produkte, sondern oft auch Produktsortimente im Markt. So lassen sich mehrere Positionen im Differenzierungsspektrum gleichzeitig belegen und entsprechende Wettbewerbsvorteile erzielen.

5.3.2. Mass Customization

Konzept

Das Konzept der *Mass Customization* ist eine erweiterte Form der Produktdifferenzierung, bei der jeder Nachfrager ein individuell auf seine Präferenzen zugeschnittenes Produkt erhält. Im Gegensatz zur klassischen Differenzierung platziert der Anbieter kein standardisiertes Produkt oder Sortiment im Markt. Stattdessen spezifiziert jeder Nachfrager die Merkmale seines Wunschproduktes, das dann individuell gefertigt wird.

Im Hotelling Modell deckt ein solcher Anbieter wie in Abbildung 5.6 dargestellt keine einzelnen Punkte, sondern einen ganzen Bereich des Differenzierungsspektrums ab.

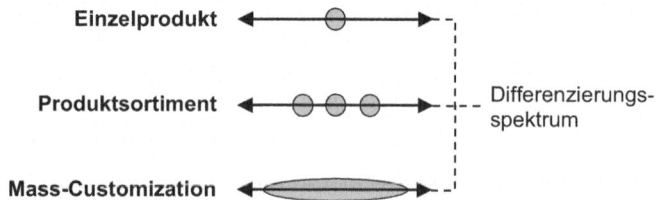

Abbildung 5.6: Mass Customization im Hotelling Modell

Ein Beispiel eines derartigen Anbieters ist das Unternehmen Dell, das nach Kundenwünschen zusammengestellte Computer per Onlineshop vertreibt.

Die Vorteile der Mass Customization liegen für den Anbieter sowohl in einer höheren Zahlungsbereitschaft der Nachfrager aufgrund der genauen Erfüllung der Präferenzen, als auch in einem Wettbewerbsvorteil durch die Abdeckung eines Bereiches im Differenzierungsspektrum. Eine erfolgreiche Mass Customization setzt voraus, dass diese Vorteile nicht von zusätzlichen Kosten überwogen werden. Hierbei kommen dem Internet sowie digitalen Gütern und Prozessen eine zentrale Bedeutung zu.

Den Ausgangspunkt einer Mass Customization bildet die Erfassung der individuellen Kundenpräferenzen. Innerhalb von Onlineshops werden dazu *Produktkonfiguratoren* eingesetzt, mit denen der Kunde sein Produkt selbst zusammenstellt. Die hierbei erhobenen Informationen kann der Anbieter auch zur Preisdifferenzierung nutzen. Im Falle eines Wiederholungskaufes bieten sie darüber hinaus einen Wettbewerbsvorteil, da der Kunde den Spezifikationsprozess bei anderen Anbietern erneut durchlaufen müsste. Es besteht also ein Lock-In Effekt. Umsetzung

Bei der Herstellung des kundenindividuellen Produktes soll die Individualität einer kostenintensiven Einzelproduktion mit den Kostenvorteilen einer Massenproduktion verbunden werden. Digitale Güter sind hier aufgrund der leichten Änderbarkeit besonders geeignet. Aber auch materielle Fertigungsprozesse bieten die Möglichkeit, anhand von digital gesteuerten Produktionsmaschinen, modularen Baukastensystemen und einer engen Anbindung von Zulieferern die Kosten der Einzelproduktion zu begrenzen. Weiteres Einsparpotential bietet eine bedarfsnahe Produktion und Logistik im Rahmen eines oft Internet-basierten Supply-Chain-Managements, mit der sich Lagerkosten und Überproduktionen vermeiden lassen.

Die Wettbewerbseffekte einer Mass Customization werden am Hotelling Modell gut sichtbar. Der einzelne Anbieter kann anhand einer Mass Customization seine Absatzmenge erhöhen und eine höhere Zahlungsbereitschaft abschöpfen. Mit zunehmender Mass Customization nimmt jedoch auch der Raum für eine Differenzierung der Anbieter untereinander ab. Im Grenzfall bieten beide Anbieter eine Mass Customization, die das gesamte Differenzierungsspektrum abdeckt. Der wettbewerbsreduzierende Effekt der Produktdifferenzierung entfällt dann vollständig und es findet erneut ein Bertrand Preiskampf statt. Wettbewerbseffekte

Fazit

Digitale Güter sind aufgrund ihrer Änderbarkeit besonders dazu geeignet, Produktvarianten zu geringen Kosten herzustellen. Dies erleichtert konkurrierenden Anbietern einerseits, dem Wettbewerb durch eine Produktdifferenzierung auszuweichen. Anderseits führt der konsequente Einsatz der Produktdifferenzierung über Sortimentserweiterungen hin zu dem Konzept der Mass Customization, und kann so den Wettbewerb steigern.

5.3.3. The Long Tail

Nischenprodukte

Auf konventionellen Märkten werden viele theoretisch mögliche Nischenprodukte nicht gehandelt, da die potentiellen Anbieter und Nachfrager einander aufgrund von Marktintransparenzen nicht finden. Digitale Suchprozesse und Marktplätze wie eBay und Amazon können diese Intransparenzen drastisch reduzieren. Damit wird ein Handel dieser Nischenprodukte möglich und die im Markt beobachtbare Produktdifferenzierung steigt. Im Gegenzug kann das Segment der Massenprodukte schrumpfen, falls einige Nachfrager bislang ein Massenprodukt als Näherungslösung für ihre Bedürfnisse nur deshalb wählten, weil das für sie attraktivere Nischenprodukt nicht verfügbar war.

Diese Verschiebung von Massenprodukten zu Nischenprodukten führt zu dem von Chris Anderson (Anderson 2004) geprägten Begriff des *Long Tail*. Dahinter steht die Vorstellung einer Umsatzverteilung, in der die auf dem Markt gehandelten Güter anhand ihres Umsatzvolumens in absteigender Reihe geordnet sind. Abbildung 5.7 illustriert die für den Long Tail typische Verschiebung der Umsätze.

In konventionellen Märkten entfällt ein vergleichsweise großer Teil des Umsatzes auf eine kleine Menge von Massenprodukten. In Märkten mit einem Long Tail verläuft die Verteilung demgegenüber insgesamt flacher, womit der Gesamtumsatz maßgeblich durch eine große Anzahl von Nischenprodukten generiert wird. Der ursprünglich aus der Statistik stammende Begriff des Long Tail bezeichnet hierbei den flach auslaufenden, rechten Teil der Verteilung.

Ein Beispiel für die wirtschaftliche Bedeutung des Long Tail ist der Online Buchhändler Amazon, bei dem selten nach-

5.3. Produktdifferenzierung

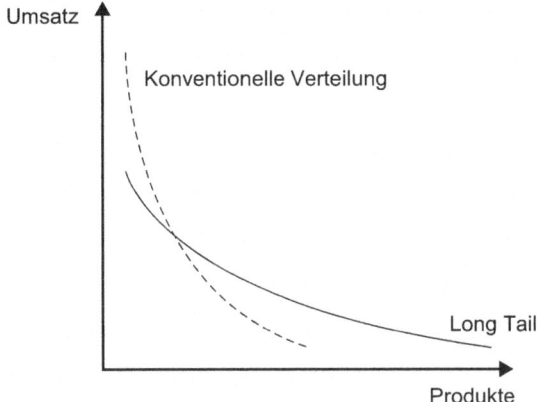

Abbildung 5.7: Umsatzverteilung und Long Tail

gefragte, in konventionellen Ladengeschäften nicht vorrätige Titel einen großen Teil des Umsatzes ausmachen (Brynjolfsson et al. 2006). Auch andere Internetanbieter wie eBay und iTunes zeichnen sich durch ein sehr breites Sortiment aus.

Neben einer erhöhten Markttransparenz im Internet können die besonderen Eigenschaften digitaler Güter zur Ausbildung eines Long Tail beitragen.

Digitale Güter

- Marginale Lagerhaltungskosten für digitale Güter ermöglichen es den Anbietern, auch Nischenprodukte im Sortiment zu führen.
- Marginale Distributionskosten im Internet erlauben eine globale Vermarktung, mit der sich auch für Nischenprodukte profitable Absatzmengen erzielen lassen.
- Viele digitale Güter setzen lediglich kostengünstige Produktionsmittel wie einen handelsüblichen PC voraus, sodass auch kleine Nischenanbieter in den Markt eintreten können.

Mit dem Long Tail nimmt auch die im Markt beobachtbare Heterogenität der Nachfragerpräferenzen zu. Dies entspricht im Hotelling Modell einer Verbreiterung des Differenzierungsspektrums. Den Anbietern entsteht damit zusätzlicher Raum, dem Wettbewerb durch eine Produktdifferenzierung

Mass Customization

auszuweichen. Eine Mass Customization kann dazu dienen, einen möglichst großen Bereich von Nischenprodukten abzudecken.

Ein Beispiel für die Verknüpfung von Long Tail und Mass Customization bietet das Unternehmen Spreadshirt. Der Anbieter verkauft T-Shirts, die vom Kunden im Rahmen einer Mass Customization per Internet selbst gestaltet werden können. Darüber hinaus können die Kunden auch einen Onlineshop mit eigenen Motiven betreiben. Auf diese Weise wird ein breites Spektrum von Nischenprodukten, wie beispielsweise T-Shirts mit Vereinsmotiven, angeboten.

5.4. Übungsaufgaben

1. Welche Bedeutung haben kostengünstige Suchdienste für Wettbewerb, Struktur und Produktvielfalt eines Marktes? Welche Besonderheiten ergeben sich bei digitalen Produkten?

2. Betrachten Sie zwei klassische Versandhändler, die saisonal einen Print-Katalog an alle Nachfrager versenden. Die Gewinnaussichten sehen in jeder Saison wie folgt aus (in Mio. €):

	Preis-absprache	Preis-kampf
Preis-absprache	6, 6	-1, 10
Preis-kampf	10, -1	5, 5

   a. Wie beurteilen Sie die Erfolgsaussichten einer Preisabsprache für genau eine Saison?

   b. Ist eine zeitlich unbegrenzte Preisabsprache im Rahmen einer Trigger-Strategie stabil? Legen Sie einen Diskontfaktor von $\delta = 0{,}75$ pro Saison zugrunde.

   c. Beide Anbieter betreiben seit kurzem einen Onlineshop, womit sich die Reaktionszeit auf ein Tausendstel verkürzt. Ist jetzt eine stabile Preisabsprache möglich?

   d. Einer der Anbieter gibt bekannt, dass er nach genau zehn weiteren Saisons den Markt verlassen wird. Ergibt sich daraus ein Problem? Recherchieren Sie nach dem *Chainstore Paradox*!

3. Zwei konkurrierende Anbieter $i = 1, 2$ möchten dem Wettbewerb ausweichen. Zur Produktdifferenzierung dient ein Merkmal $x \in [0, 10]$, über das die Präferenzen der Nachfra-

ger gleichverteilt angeordnet sind. Die Abweichung eines Produktes mit Merkmal y_i von der Präferenz x eines Nachfragers mindert dessen Zahlungsbereitschaft um den Betrag $|x - y_i|$. Die variablen Stückkosten betragen $c_1 = c_2 = 20$. Die Zahlungsbereitschaften sind hinreichend groß, sodass grundsätzlich jeder Nachfrager kauft.

a. Wie sollten die Anbieter ihre Produkte y_1, y_2 positionieren, um den Wettbewerb zu minimieren?

b. Welche Preise werden bei dieser Positionierung gewählt?

c. Was erwarten Sie für den Fall, dass die Anbieter ihre Produkte beliebig oft verändern können?

4. Worin besteht das Konzept der Mass Customization? Welche Wettbewerbseffekte sind damit verbunden?

5. Welches Phänomen wird mit dem Long Tail beschrieben? In welchen Branchen könnte dieser Effekt besondere Bedeutung erlangen? Wo sehen Sie Verbindungen zum Konzept der Mass Customization?

6. Auktionen

Auktionen finden seit über eintausend Jahren und in vielen Bereichen, wie dem Handel mit Immobilien, Ölfeldern, Antiquitäten oder Sendefrequenzen statt. Der Begriff der Auktion ist von dem lateinischen Wort *augere* (vergrößern, steigern) abgeleitet, wobei die Vorstellung einer klassischen Versteigerung mit sich wechselseitig überbietenden Teilnehmern zugrunde liegt. Auktionen sind eine Form multilateraler Verhandlungen, bei denen die Akteure anhand von Offerten interagieren. Hierzu zählen auch komplexe Märkte wie Wertpapierbörsen sowie Ausschreibungen, in denen ein Nachfrager einen Auftrag unter mehreren Anbietern versteigert. In traditionellen Märkten werden Auktionen aufgrund hoher Transaktionskosten nur bei hochwertigen Gütern wie Immobilien oder Wertpapieren eingesetzt.

Elektronische Auktionen erfolgen prinzipiell nach denselben Regeln wie ihr konventionelles Pendant. Die Teilnehmer können ihre Gebote jedoch per Internet abgeben und sind damit nicht wie sonst üblich an einen gemeinsamen Ort gebunden. In Kombination mit einer weitgehenden Automatisierung ergeben sich deutlich reduzierte Transaktionskosten. Auktionen werden so auf den Handel geringwertiger Güter anwendbar und lassen sich auch über längere Zeiträume durchführen. Webbasierte Benutzungsschnittstellen reduzieren zudem die Zugangsbarrieren gegenüber klassischen Auktionen. Auktionsplattformen wie eBay können damit einen großen Teilnehmerkreis erreichen und ein umfangreiches Produktspektrum bieten.

Elektronische Auktionen

Aus ökonomischer Perspektive sind Auktionen interessant, da in jeder Versteigerung eine dynamische Preisbildung stattfindet. Im Gegensatz zu einem anbieterseitigen Festpreis, der üblicherweise auf einer Schätzung der Nachfrage basiert, ergibt sich der Auktionspreis aus dem Bieterwettbewerb. Dies kann

Nutzenpotentiale

insbesondere dann von Vorteil sein, falls der Anbieter wenig Informationen über die Nachfragesituation hat. So dienen Auktionen beispielsweise zur Preisbildung im Keyword Advertising von Suchmaschinen. Auch die Nischenmärkte im Long Tail des Internet stellen ein interessantes Anwendungsgebiet dar.

Technologie

Technologisch sind die elektronischen Auktionen zumeist im World Wide Web angesiedelt. Auf Auktionsplattformen wie eBay wird das zu ersteigernde Gut auf einer Webseite mit Bild und Beschreibung angeboten. Die Teilnehmer können bis zum Auktionsende Gebote abgeben, wobei das aktuelle Höchstgebot angezeigt wird. Bei den übermittelten Geboten und Identitäten der Teilnehmer handelt es sich oft um vertrauliche Daten, die durch geeignete Verfahren zu schützen sind. Hier kommt Verschlüsselungs- und Signaturmechanismen besondere Bedeutung zu.

6.1. Einfache Auktionen

Grundelemente

Im Internet werden auf Auktionsplattformen wie eBay überwiegend sogenannte *einfache Auktionen* eingesetzt. Abbildung 6.1 stellt die Grundelemente einer einfachen Auktion dar. In diesem klassischen Auktionsszenario wird von einem einzelnen Anbieter einmalig genau ein Gut unter mehreren Nachfragern $1,\ldots,n$ versteigert. Der Anbieter besitzt für sein Gut einen Reservationspreis v_a und die Nachfrager individuelle Zahlungsbereitschaften $v_1,\ldots,v_n$. Zur Vereinfachung seien die Nachfrager bezüglich ihrer Zahlungsbereitschaft in absteigender Reihenfolge geordnet, v_1 sei also die höchste Zahlungsbereitschaft.

Neben dem Anbieter und den Nachfragern hat der Auktionator die Aufgabe, den Ablauf der Auktion zu steuern und für die Einhaltung der Auktionsregeln zu sorgen. Im Internet wird die Rolle des Auktionators zumeist automatisiert von der Auktionsplattform übernommen.

In der Praxis finden einfache Auktionen auch mit vertauschten Rollen statt, wobei viele Anbieter im Rahmen einer sogenannten Ausschreibung um den Auftrag eines Nachfragers konkurrieren. Im Internet findet man dies auf Plattformen wie MyHammer, auf denen Dienstleistungen ausgeschrieben werden. Zur Vereinfachung wird im Weiteren das Szenario einer Verkaufsauktion betrachtet. Die dargestellten Zusammenhänge

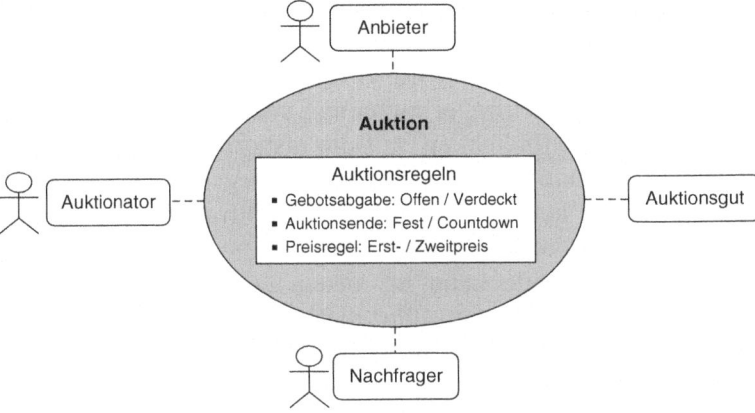

Abbildung 6.1: Grundelemente einer einfachen Auktion

gelten jedoch ohne Einschränkung auch für den umgekehrten Fall einer Einkaufsauktion.

Der Ablauf einer einfachen Auktion lässt sich in die in Abbildung 6.2 dargestellten Schritte Auktionsstart, Bietphase, Auktionsende und Transaktionsbildung gliedern.

Der Auktionsstart markiert den Beginn der Bietphase und kann mit einem Mindestgebot o_a seitens des Anbieters verbunden werden. Dieses Mindestgebot ist quasi eine Offerte, die der Anbieter auf sein eigenes Auktionsgut abgibt. Mit einem Mindestgebot $o_a = v_a$ in Höhe des Reservationspreises kann der Anbieter gewährleisten, dass er bei einem Verkauf keinen Verlust erzielt.

Auktionsstart

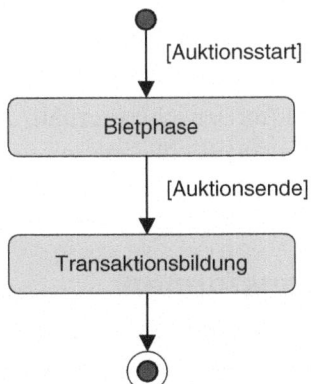

Abbildung 6.2: Schematisierter Auktionsablauf

Bietphase	In der Bietphase geben die Nachfrager i einmalig oder wiederholt Gebote o_i ab, wobei zwischen *offenen* und *verdeckten* Auktionen unterschieden wird. In offenen Auktionen erfolgen die Gebote der Nachfrager allgemein sichtbar und jeder Teilnehmer hat die Möglichkeit, auf die bisherigen Gebote zu reagieren. Verdeckte Auktionen halten demgegenüber die Gebote der Nachfrager geheim, sodass jeder Nachfrager in der Regel maximal ein Gebot abgibt.
Auktionsende	Das Auktionsende kann als fester Zeitpunkt vorgegeben sein. In offenen Auktionen führt dies jedoch häufig dazu, dass zu Auktionsende ein Bieterwettlauf entsteht, in dem derjenige Nachfrager gewinnt, der das letzte gültige Gebot abgibt. Um derartige Effekte zu vermeiden, lässt sich alternativ ein Countdown der Form „zum Ersten, zum Zweiten,…" verwenden, der die Auktion mit jedem neuen Gebot um einen vorgegebenen Zeitraum verlängert.
Transaktionsbildung	Nach Abschluss der Bietphase wird in der Transaktionsbildung anhand der Gebote entschieden, welcher Nachfrager das Auktionsgut zu welchem Preis erhält. In allen hier betrachteten einfachen Auktionen erhält der Nachfrager mit dem höchsten Gebot den Zuschlag. Wird das Mindestgebot o_a nicht überboten, so verbleibt das Auktionsgut beim Anbieter.
	Hinsichtlich der Preisbildung existieren verschiedene Varianten. Als *Erstpreis* wird der Betrag des höchsten Gebotes, also das Gebot des Auktionsgewinners bezeichnet. Der *Zweitpreis* entspricht analog dem zweithöchsten Gebot. In komplexeren Auktionen wird darüber hinaus in allgemeiner Form der i-te Preis verwendet. In einfachen Auktionen zahlt in der Regel ausschließlich der Auktionsgewinner einen Betrag in Höhe des Erst- oder Zweitpreises. Man spricht dementsprechend von Erstpreis- und Zweitpreis-Auktionen. Daneben existieren andere Verfahren wie die *All-Pay-Auction*, in der jeder Bieter unabhängig davon, ob er den Auktionszuschlag erhält, zu einer Zahlung in Höhe seines Gebotes verpflichtet ist.

6.2. Klassische Auktionsformen

Merkmale	Vier Auktionsformen dominieren sowohl in der Praxis als auch in der Theorie: die Englische Auktion, die Vickrey Auktion, die Holländische Auktion und die verdeckte Erstpreisauktion.

Diese vier Auktionstypen lassen sich anhand der Bietphase und der Preisbildung wie in Abbildung 6.3 dargestellt charakterisieren.

	Erstpreis	Zweitpreis
offen	Englische Auktion	–
verdeckt	verdeckte Erstpreisauktion / Holländische Auktion	Vickrey-Auktion

Abbildung 6.3: Klassische Auktionsformen

Die offene Zweitpreisauktion ist in der Praxis nicht sinnvoll einsetzbar, da sich der vom Höchstbietenden zu zahlende Preis von anderen Teilnehmern durch entsprechende Gebote bis hin zum Erstpreis beliebig manipulieren lässt. In letzterem Fall entspräche das Ergebnis der Englischen Auktion.

6.2.1. Englische Auktion

Die Englische Auktion ist im Internet weit verbreitet. Es handelt sich um eine offene Erstpreisauktion, in der der Preis solange erhöht wird, bis genau ein interessierter Nachfrager verbleibt. Das Erhöhen des Preises kann auf verschiedene Weisen erfolgen. Das klassische Vorgehen besteht darin, dass die Nachfrager ihre Offerten gegenseitig überbieten, bis für einen vorgegebenen Zeitraum („zum Ersten, zum Zweiten,...") keine weiteren Gebote erfolgen. Um ein zügiges Fortschreiten der Auktion zu gewährleisten, wird für neue Gebote oft eine Mindesterhöhung gegenüber dem aktuellen Höchstgebot gefordert. Der Ablauf der klassischen Englischen Auktion ist in Abbildung 6.4 schematisch dargestellt.

Ablauf

Im Internet wird die Englische Auktion auch oft mit festem Endzeitpunkt eingesetzt. In dieser Variante besteht die Möglichkeit, ein neues Höchstgebot so kurz vor Ende der Bietphase zu platzieren, dass kein anderer Bieter darauf reagieren kann. Dieses als *Sniping* bezeichnete Verhalten führt zum Auktionsende oft zu einem Bieterwettlauf. Eine interessante Analyse dieses

Sniping

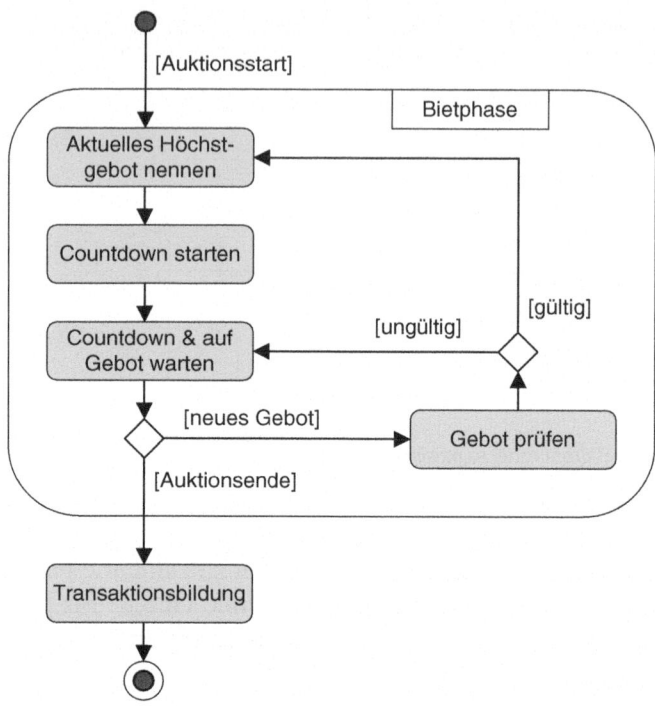

Abbildung 6.4: Ablauf der Englischen Auktion

Phänomens bietet (Roth u. Ockenfels 2002). Das Sniping-Problem hat im Internet besondere Bedeutung, da Teilnehmer mit einer schnellen Internetverbindung aufgrund geringer technischer Latenzzeiten im Vorteil sind. Daher ist es bemerkenswert, dass die Auktionsplattform eBay trotz dieser Problematik und im Gegensatz zu Anbietern wie Amazon ein festes Auktionsende verwendet.

Eine weitere Variante der Englischen Auktion erfolgt dergestalt, dass vom Auktionator ein schrittweise steigender Betrag genannt wird, in dessen Verlauf die Nachfrager sukzessive die Verhandlung verlassen. Den Zuschlag erhält hier der letzte in der Auktion verbleibende Teilnehmer. Auch mit dieser Form lässt sich das Sniping-Problem vermeiden.

Dominante Strategie

In der englischen Auktion liegt die strategische Entscheidung des Nachfragers unabhängig von der Form der Preiserhöhung in der Wahl des Maximalgebotes o_i, bis zu dem an der Auktion teilgenommen wird. Eine Strategie besteht in einer Bietfunktion $s_i(v_i)$, die zu jedem Transaktionsbedürfnis v_i ein

Maximalgebot o_i definiert. Die optimale Strategie eines Bieters ist dabei unabhängig von dem Verhalten der anderen Auktionsteilnehmer und stellt damit eine sogenannte *dominante Strategie* dar. Diese besteht darin, an der Verhandlung teilzunehmen, solange der Preis die eigene Zahlungsbereitschaft nicht übersteigt. Der Nachfrager i wählt also die Strategie $s_i(v_i) = v_i$.

Ordnet man die Zahlungsbereitschaften der Nachfrager in absteigender Reihenfolge $(v_1, v_2, \ldots, v_n)$, so erhält der Nachfrager mit der höchsten Zahlungsbereitschaft den Auktionszuschlag zum Preis $p = s_2(v_2) = v_2$ und erzielt damit einen Gewinn in Höhe der Differenz zwischen seiner und der zweithöchsten Zahlungsbereitschaft, also $\pi_1 = v_1 - v_2$. Der Gewinn des Verkäufers ergibt sich aus der Differenz zwischen dem zweithöchsten Gebot v_2 und der eigenen Bewertung v_a und beträgt damit $\pi_a = v_2 - v_a$.

6.2.2. Vickrey Auktion

Bei der nach dem Nobelpreisträger William Vickrey benannten *Vickrey Auktion* handelt es sich um eine verdeckte Zweitpreisauktion. Die Nachfrager geben einmalig verdeckte Gebote ab. Das höchste Gebot erhält den Zuschlag und es ist ein Preis in Höhe des zweithöchsten Gebotes zu zahlen.

Ablauf

Ein charakteristisches Merkmal dieser Auktionsform ist die dominante Strategie der Nachfrager. Sie besteht darin, die eigenen Präferenzen zu offenbaren, also ein Gebot in Höhe der wahren Zahlungsbereitschaft abzugeben. Entscheidend für diese Eigenschaft ist, dass aus der Perspektive eines Nachfragers i die Höhe des eigenen Gebotes o_i ausschließlich darüber entscheidet, ob er den Auktionszuschlag erhält. Der im Falle des Auktionszuschlages zu zahlende Preis ist demgegenüber durch das zweithöchste Gebot bestimmt und damit von dem Gebot des Auktionsgewinners unabhängig. Es sei $o_{-i,max} = max_{j \neq i} \, o_j$ das höchste Fremdgebot, also das maximale Gebot aller anderen Nachfrager. Der Nachfrager i erhält den Auktionszuschlag genau dann, falls $o_i > o_{-i,max}$ gilt. Anderseits ist der Auktionszuschlag für ihn genau dann profitabel, falls $v_i > o_{-i,max}$ gilt. Hieraus folgt direkt die dominante Strategie $s_i(v_i) = v_i$.

Präferenzoffenbarung

Die Vickrey Auktion führt damit wie die Englische Auktion zu dem Ergebnis, dass der Nachfrager mit der höchsten

Zahlungsbereitschaft v_1 das Gut zum Preis $p = v_2$ erhält und einen Gewinn von $\pi_1 = v_1 - v_2$ erzielt. Auch der Gewinn des Verkäufers ist mit dem Ergebnis der Englischen Auktion identisch.

6.2.3. Holländische Auktion

Ablauf

Die Holländische Auktion zeichnet sich dadurch aus, dass seitens des Auktionators ein schrittweise sinkender Preis genannt wird. Den Auktionszuschlag erhält derjenige Nachfrager, der als erster den aktuellen Preis akzeptiert. Dieses Verfahren wird beispielsweise in den Niederlanden bei der Versteigerung von Schnittblumen eingesetzt, woraus sich auch der Name der Auktionsform ableitet. Die Strategie eines Nachfragers i besteht auch hier in einer Bietfunktion $s_i(v_i)$, die den höchsten akzeptierten Preis o_i in Abhängigkeit des Transaktionsbedürfnisses v_i angibt.

Im Gegensatz zu den beiden vorhergehenden Auktionsformen existiert in der Holländischen Auktion keine dominante Strategie. Die Präferenzoffenbarung $s_i(v_i) = v_i$ führt in dieser Auktionsform zu einem erwarteten Gewinn von Null. Folglich ist es für jeden Nachfrager i zweckmäßig, eine Bietfunktion der Form $s_i(v_i) \leq v_i$ zu wählen. Die Wahl des eigenen Gebotes erfolgt typischerweise unter unvollständiger Information über die Zahlungsbereitschaften und das Verhalten der anderen Nachfrager. Damit entsteht die Situation, dass mit abnehmendem Gebot o_i einerseits der Gewinn bei Auktionszuschlag $\pi_i = v_i - o_i$ steigt, andererseits jedoch auch die Wahrscheinlichkeit des Auktionszuschlages sinkt.

Bayes-Nash Gleichgewicht

Die optimale Bietfunktion s_i eines Nachfragers i hängt in der Holländischen Auktion von den Bietfunktionen s_{-i} der restlichen Nachfrager ab. Für den Fall von n Nachfragern, deren Zahlungsbereitschaften einer gemeinsamen Verteilungsfunktion F entstammen, existiert ein sogenanntes Bayes-Nash Gleichgewicht. Die Bietfunktionen der Nachfrager lauten in diesem Gleichgewicht

$$s_i(v_i) = v_i - \int_{-\infty}^{v_i} [F(x)]^{n-1} dx / [F(v_i)]^{n-1}.$$

Der rechte Term der Differenz gibt hierbei an, um welchen Betrag ein Nachfrager i sein Gebot o_i gegenüber seiner

Zahlungsbereitschaft v_i absenkt. Die Konstruktion des Gleichgewichtes wird beispielsweise in (McAfee u. McMillan 1987) dargestellt.

6.2.4. Verdeckte Erstpreisauktion

Der Ablauf der verdeckten Erstpreisauktion erfolgt ähnlich der Vickrey Auktion. Die Nachfrager geben ebenfalls einmalig verdeckte Gebote ab und das höchste Gebot gewinnt. Im Unterschied zur Vickrey Auktion zahlt der Auktionsgewinner jedoch einen Betrag in Höhe seines eigenen Gebotes.

Ablauf

Entscheidend für die Analyse der verdeckten Erstpreisauktion ist, dass die hier vorliegende Entscheidungssituation der Nachfrager strategisch äquivalent zur Holländischen Auktion ist. In beiden Mechanismen müssen die Nachfrager, basierend auf ihren Erwartungen bezüglich des Verhaltens der anderen Nachfrager, ihre Gebote planen. Damit gelten die bereits für die Holländische Auktion angestellten Überlegungen auch für die verdeckte Erstpreisauktion. Andersherum ist damit die Holländische Auktion als verdeckte Erstpreisauktion zu klassifizieren.

Strategische Äquivalenz

6.3. Optimale Auktionen

Allen einfachen Auktionen liegt ein monopolistisches Szenario zugrunde, in dem ein Anbieter mehreren Nachfragern gegenübersteht. Besitzt der Anbieter die Möglichkeit, die Auktionsform frei zu wählen, so stellt sich die Frage, welche Form den maximalen erwarteten Gewinn bietet.

6.3.1. Benchmark Model

Einfache Auktionen wurden bereits in großem Umfang hinsichtlich der obengenannten Frage untersucht. Viele der auktionstheoretischen Ergebnisse beziehen sich auf das sogenannte *Benchmark Model* von McAfee u. McMillan (1987). Es besteht aus den folgenden vier Modellannahmen:

- risikoneutrale Akteure,
- Independent Private Value Modell,
- symmetrische Akteure sowie
- rein gebotsabhängige Preisbildung.

Risikoneutrale Akteure

Die erste Annahme betrifft die Risikopräferenz der Akteure. Das Benchmark Model unterstellt risikoneutrale Akteure, also Entscheider, die ihre Handlungsalternativen ausschließlich anhand der erwarteten Auszahlung beurteilen. Reale Akteure sind demgegenüber oft risikoavers oder risikoaffin, indem sie beispielsweise Versicherungen abschließen oder an Lotterien teilnehmen. Die Annahme der Risikoneutralität vereinfacht jedoch die Analyse und hilft damit, grundsätzliche Zusammenhänge aufzuzeigen.

Independent Private Value Modell

Die zweite Annahme beschreibt die Informationsverteilung und damit die Unsicherheiten der Nachfrager, sowohl hinsichtlich dem Wert des Auktionsgutes als auch der Zahlungsbereitschaften der anderen Teilnehmer. In der auktionstheoretischen Literatur werden hierzu mit dem *Independent Private Value* und dem *Common Value* Modell zwei grundlegende Varianten unterschieden.

Im *Independent Private Value* Modell sind die objektiven Eigenschaften des Auktionsgutes bekannt, wie dies bei standardisierten Gütern der Fall ist. Jeder Nachfrager i besitzt eine individuelle Zahlungsbereitschaft v_i, die einer Verteilungsfunktion F_i entstammt. Die Transaktionsbedürfnisse der einzelnen Nachfrager sind damit voneinander stochastisch unabhängig. Die Verteilungsfunktionen F_i sind gemeinsames Wissen (engl. *Common Knowledge*) aller Akteure, die konkreten Zahlungsbereitschaften hingegen private Informationen.

Im *Common Value* Modell ist demgegenüber der objektive Wert v des Auktionsgutes für alle Nachfrager identisch, jedoch unbekannt. Die subjektive Erwartung v_i jedes Nachfragers i entstammt hier einer gemeinsamen Verteilungsfunktion F, die Common Knowledge ist. Ein klassisches Beispiel bildet ein unerschlossenes Ölfeld, dessen Ölmenge unbekannt ist, jedoch von den einzelnen Nachfragern auf Basis privater Probebohrungen geschätzt wird. Hier tritt oft der sogenannte *Winners Curse* auf, der darin besteht, dass der Auktionsgewinner den

Wert des Gutes überschätzt hat und es daher zu einem überhöhten Preis ersteigert.

Das Benchmark Model beinhaltet die Annahme von Private Values. In der Praxis treten neben dem reinen Independent Private Value und Common Value Modell auch oft gemischte Szenarien auf. Bei der Versteigerung von Gebrauchtwaren auf einer Auktionsplattform wie eBay haben die Bieter üblicherweise differierende, individuelle Zahlungsbereitschaften und damit Private Values. Gleichzeitig können jedoch auch Unsicherheiten über die objektiven Eigenschaften der angebotenen Ware bestehen, sodass der Aspekt des Common Value Modells hinzutritt. Diese Unsicherheiten können zudem bei den einzelnen Bietern unterschiedlich groß sein, falls beispielsweise einige Bieter die Ware vor Abgabe ihres Gebotes beim Anbieter begutachten können. In der Auktionstheorie bieten Ansätze wie die *Affiliated Distributions* von Milgrom u. Weber (1982) die Möglichkeit, beide Grundformen miteinander verbinden.

Die dritte Annahme betrifft die Vielfalt vorhandener Nachfragertypen. Symmetrische Akteure liegen vor, falls alle Nachfrager in ihren für die Auktion relevanten Eigenschaften identisch sind. Dies beinhaltet im Benchmark Model, dass den Zahlungsbereitschaften aller Nachfrager dieselbe Verteilungsfunktion F zugrunde liegt. In Modellen mit asymmetrischen Akteuren bestehen demgegenüber mehrere Klassen von Nachfragern, die unter anderem in den Verteilungsfunktionen variieren können.

<small>Symmetrische Akteure</small>

Bezüglich der Transaktionsbildung des Auktionsverfahrens fordert das Benchmark Model, dass der Auktionspreis ausschließlich auf den Geboten basiert. Dies trifft auf Erstpreis- und Zweitpreis-Auktionen zu. Eine rein gebotsabhängige Preisbildung liegt demgegenüber nicht vor, falls weitere Eigenschaften der Nachfrager in die Preisbildung einbezogen werden.

<small>Rein gebotsabhängige Preisbildung</small>

6.3.2. Revenue Equivalence Theorem

Ein grundlegendes Ergebnis zum Vergleich der einfachen Auktionen liefert das Revenue Equivalence Theorem. Es besagt, dass der erwartete Gewinn des Anbieters unter den Annahmen

<small>Erlös-Äquivalenz</small>

des Benchmark Model in den vier klassischen Auktionsformen identisch ist. Der erwartete Auktionspreis entspricht hierbei der zweithöchsten Zahlungsbereitschaft der Nachfrager. Für die Englische Auktion und die Vickrey Auktion ist dieses Resultat offensichtlich. Es lässt sich zeigen, dass dies auch für das Bayes-Nash Gleichgewicht der Holländischen Auktion und der verdeckten Erstpreisauktion gilt. Das Revenue Equivalence Theorem bezieht sich auf den erwarteten Gewinn des Anbieters, nicht jedoch das konkrete Ergebnis einzelner Auktionen. So gilt beispielsweise, dass die Varianz des erwarteten Gewinns in der Englischen Auktion und der Vickrey Auktion kleiner ist als in der Holländischen Auktion und der verdeckten Erstpreisauktion. Ein risikoaverser Anbieter zieht folglich die ersten beiden Auktionsformen vor.

Das Revenue Equivalence Theorem beinhaltet auch, dass es dem Anbieter mit der auktionsbasierten Preisbildung nicht gelingt, die höchste Zahlungsbereitschaft vollständig abzuschöpfen. Kennt der Anbieter die höchste Zahlungsbereitschaft, so lässt sich anhand eines entsprechenden Festpreises ein höherer Gewinn erzielen. Dies zeigt, dass Auktionen einem Festpreis nicht grundsätzlich vorzuziehen sind.

Das Revenue Equivalence Theorem wurde von Vickrey (1961) aufgestellt und in zahlreichen darauf aufbauenden Arbeiten erweitert und verallgemeinert. Es gilt auch für andere Auktionsformen, wie die bereits angesprochene All-Pay-Auction. Alle Auktionsformen im Gültigkeitsbereich des Revenue Equivalence Theorems haben die Eigenschaft, dass der Nachfrager mit der höchsten Zahlungsbereitschaft (einschließlich des Mindestgebotes des Verkäufers) den Auktionszuschlag erhält. Diese Mechanismen führen damit immer zu einer Pareto-optimalen Allokation.

Optimale Auktionen

An die Aussage des Revenue Equivalence Theorems schließt sich die Frage an, ob außerhalb seines Gültigkeitsbereiches weitere Auktionsformen existieren, die dem Anbieter einen höheren erwarteten Gewinn bieten. Hier gilt, dass die vier klassischen Auktionsformen optimal sind, falls ein geeignetes Mindestgebot des Anbieters verwendet wird (McAfee u. McMillan 1987). Dieses Mindestgebot hängt von der Verteilungsfunktion F ab und kann höher als der Reservationspreis des Anbieters sein. In einer konkreten Auktion kann dies zur Folge haben, dass keine Pareto-optimale Allokation erzielt wird.

6.4. Manipulation von Auktionen

Ein Problem der Auktionspraxis besteht darin, dass opportunistische Akteure die Auktionsregeln mit dem Ziel der Bereicherung unterlaufen. Im Internet bieten sich hierzu aufgrund verschiedener Sicherheitsprobleme besondere Möglichkeiten. Dazu zählen die oft unsichere Übertragung der Gebote sowie die zumeist schwache Authentifizierung der Teilnehmer.

Zu den grundlegenden Manipulationsformen zählen *Phantomgebote*, *Bieterkartelle* und der *Informationshandel*. Alle Manipulationen zielen darauf ab, die in der Auktion vorliegende Wettbewerbssituation dahingehend zu verändern, dass die Konkurrenz entweder erhöht oder gesenkt wird. Unterschiede bestehen unter anderem darin, welche Akteure an der Manipulation beteiligt sind. Abbildung 6.5 illustriert dies.

Formen

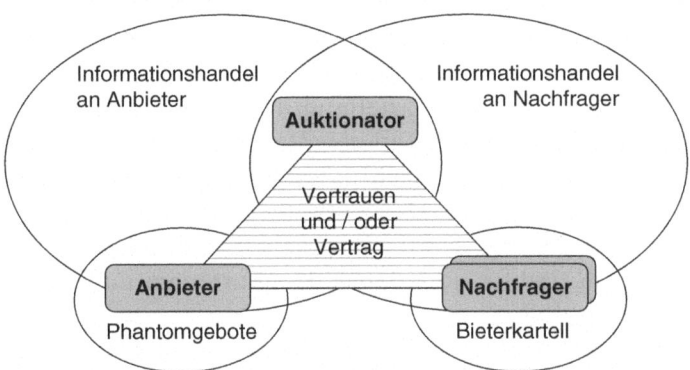

Abbildung 6.5: Manipulationsformen und beteiligte Akteure

Die einzelnen Auktionsformen bieten unterschiedliche Möglichkeiten zur Manipulation. Bei der Wahl der Auktionsform stellt die Manipulationsstabilität daher einen wichtigen Aspekt dar.

6.4.1. Bieterkartell

Im Mittelpunkt aller Auktionsformen steht der Wettbewerb der Nachfrager um eine profitable Transaktion. Ein daran anknüpfender Manipulationsansatz besteht darin, dass die Nachfrager

Konzept

diese Konkurrenzsituation in der Form eines expliziten oder impliziten Kartells reduzieren oder vollständig aufbrechen, um damit einen geringeren Transaktionspreis zu erzielen.

Das Grundkonzept eines Bieterkartells lässt sich anhand der Englischen Auktion illustrieren und ist in der Praxis nicht unüblich. Ohne ein Kartell überbieten sich die Nachfrager gegenseitig genau solange, bis der Preis p die zweithöchste Zahlungsbereitschaft v_2 erreicht hat. Den Auktionszuschlag erhält der Nachfrager mit der höchsten Zahlungsbereitschaft v_1 und erzielt damit einen Gewinn von $\pi_1 = v_1 - v_2$. Gelingt es den Nachfragern demgegenüber, vor Auktionsbeginn ein Kartell zu bilden, so können sie ihr Verhalten dahingehend abstimmen, dass genau ein Nachfrager ein Gebot in Höhe des Mindestgebotes v_a abgibt.

Kartellgewinn

Der erzielte Kartellgewinn lässt sich ermitteln, indem das zum Preis v_a ersteigerte Gut unter den Kartellmitgliedern erneut versteigert wird. Anhand einer einfachen Auktion ergibt sich dabei ein Preis entsprechend der zweithöchsten Zahlungsbereitschaft v_2 und ein Kartellgewinn von $\pi_{Kartell} = v_2 - v_a$, der zwischen den Kartellmitgliedern aufgeteilt werden kann. Falls sich nur ein Teil der Bieter im Kartell zusammenschließt, so ist anstelle des Mindestgebotes v_a das höchste Fremdgebot zu überbieten. Der Kartellgewinn fällt dann entsprechend geringer aus. Kartellabsprachen sind daher in der Regel umso profitabler, je weniger Konkurrenten außerhalb des Kartells verbleiben.

Auktionsform

Die Möglichkeit zur Kartellbildung hängt von verschiedenen Parametern ab. Einen wesentlichen Aspekt bildet die Auktionsform. Zweitpreis-Auktionen eignen sich besser als Erstpreis-Auktionen zur Kartellbildung. In einer Zweitpreis-Auktion bietet genau ein Kartellmitglied die maximale Zahlungsbereitschaft innerhalb des Kartells. Alle anderen Kartellmitglieder enthalten sich eines Gebotes und senken damit den erwarteten Zweitpreis. Für die Kartellmitglieder besteht kein Anreiz, diese Absprache zu brechen, da für einen anderweitigen Auktionszuschlag die maximale Zahlungsbereitschaft des Kartells zu überbieten wäre. Ein Kartell in einer Erstpreisauktion erfordert demgegenüber, dass alle Kartellmitglieder ihre Gebote reduzieren. Für jedes Kartellmitglied besteht damit der Anreiz, die Kartellabsprache durch ein geringfügig höheres Gebot zu brechen.

6.4. Manipulation von Auktionen

Ein erweitertes Kartellszenario sind wiederholte Auktionen mit identischen Nachfragern. Dieses Szenario eignet sich besonders zur Kartellbildung, da der Kartellbruch eines Mitgliedes in den Folgeauktionen bestraft werden kann. Ein derartiges Bestrafungsverhalten wurde bereits in Abschnitt 5.2.2 anhand des unendlich wiederholten Gefangenendilemmas betrachtet. Das Gleichgewicht in Trigger-Strategien zeigt auf, wie die Bewertung zukünftiger Auktionen die Stabilität des Kartells beeinflusst. Voraussetzung für ein derartiges Kartellgleichgewicht ist, dass Kartellbrüche erkannt werden können. Der Kartellbildung lässt sich daher entgegenwirken, indem die Auktionsgewinner unveröffentlicht bleiben, womit dem Gleichgewicht in Trigger-Strategien das Strafpotential entzogen wird.

Wiederholte Auktionen

Einen weiteren Aspekt bilden die mit der Kartellbildung verbundenen Koordinationskosten. In Auktionsmärkten mit wechselnden Nachfragern und vielen kleinen Transaktionen können diese Kosten den erzielbaren Kartellgewinn leicht übersteigen. Die Möglichkeit zur Kartellbildung besteht damit eher in Auktionen mit einem kleinen und festen Bieterkreis. Auktionsplattformen im Internet sind demgegenüber typischerweise durch wechselnde, weitgehend anonyme Teilnehmer geprägt.

Kosten und Nutzen

Die Koordinationskosten könnten gesenkt werden, indem die Kartellmitglieder ihre Gebote über das Internet abstimmen. Dies wäre beispielsweise über eine Kartellplattform möglich, die die Gebote der einzelnen Teilnehmer entgegennimmt und ein optimiertes Kartellgebot an die Auktionsplattform weiterleitet. Bei hinreichend geringen Koordinationskosten wären solche Bieterkartelle dann auch in klassischen Internet-Auktionen vorstellbar. Derartige Kartellplattformen existieren jedoch derzeit noch nicht und dürften auch rechtliche Probleme aufwerfen.

Vermutet der Anbieter das Vorliegen eines Kartells, dann sollte das Mindestgebot erhöht werden. Die Wahl des Mindestgebotes erfolgt dabei so, als stünde der Anbieter einem einzelnen Nachfrager gegenüber, dessen Zahlungsbereitschaft sich aus der höchsten Zahlungsbereitschaft der Kartellmitglieder ergibt. Dies beinhaltet, dass das optimale Mindestgebot mit zunehmender Zahl der Kartellmitglieder steigt.

Anbieterstrategie

6.4.2. Informationshandel

Konzept

Verdeckte Auktionen sind dadurch gekennzeichnet, dass nur der Auktionator von den Geboten der Nachfrager Kenntnis erhält. Diese vertrauliche, private Information kann in Abhängigkeit der Auktionsform für einzelne Nachfrager profitabel sein. Der Ausgangspunkt des Informationshandels besteht darin, dass der Auktionator diese Information an einen Nachfrager verkauft.

Das Konzept lässt sich anhand der verdeckten Erstpreis-Auktion illustrieren. In dieser Auktionsform wählen die Nachfrager ihre Gebote auf Basis ihrer Erwartungen über die Offerten ihrer Konkurrenten. Für den Nachfrager mit der höchsten Offerte o_1 bietet die Kenntnis um die zweithöchste Offerte o_2 die Möglichkeit zu einen Manipulationsgewinn von $\pi_M = o_1 - o_2$. Dazu wird anstelle von o_1 ein kleineres Gebot $o_1' < o_1$ abgegeben, dass das zweithöchste Gebot o_2 nur marginal übersteigt, jedoch ebenfalls den Zuschlag erhält. Der Manipulationsgewinn zeigt den Wert der privaten Information des Auktionators und lässt sich in einem Informationshandel zwischen Auktionator und Nachfrager aufteilen.

Anwendbarkeit

Der Informationshandel an einen Nachfrager ist nur dann zweckmäßig, falls die Rollen des Auktionators und des Anbieters von verschiedenen Akteuren wahrgenommen werden. Andernfalls würde der Auktionator gegen seine eigenen Interessen als Anbieter handeln. Voraussetzung für diese Form des Informationshandels ist zudem, dass die Information für mindestens einen Nachfrager von Wert ist. In der Vickrey Auktion ist dies nicht der Fall, da die Teilnehmer dominante Strategien besitzen.

Das Konzept des Informationshandels zeigt auf, dass auch die Rolle des Auktionators Manipulationsmöglichkeiten bieten kann. Dies gilt auch für den Betreiber einer Auktionsplattform im Internet. Als Konsequenz sollte die Rolle des Auktionators von einer unabhängigen, vertrauenswürdigen Instanz, einer sogenannten *Trusted Third Party*, wahrgenommen werden. Bei Auktionen im Internet treten weitere, technische Aspekte hinzu. Insbesondere muss hier gewährleistet sein, dass die Übertragung und die Speicherung der Gebote vertraulich und sicher erfolgt.

6.4.3. Phantomgebote

Das Konzept des Phantomgebotes (engl. *Phantom Bid*) besteht darin, dass ein Anbieter in seiner Auktion verdeckt als Nachfrager auftritt und anhand eigener Offerten die Konkurrenz und damit den Auktionspreis erhöht. In der Literatur wird der Einsatz von Phantomgeboten insbesondere im Rahmen der Englischen Auktionen berichtet (Smith 1990). Auch im Internet sind Phantomgebote nicht unüblich. Dies wird auf Auktionsplattformen wie eBay dadurch begünstigt, dass die Teilnehmer mit geringem Aufwand verschiedene Phantom-Identitäten erlangen können. So kann ein Anbieter unter einer zweiten Identität Phantomgebote abgeben.

Konzept

In der Englischen Auktion besteht dabei für den Anbieter jedoch das Risiko, mit einem Phantomgebot dauerhaft das höchste Fremdgebot zu überbieten und damit selbst den Auktionszuschlag zu erhalten. Insofern sind Phantomgebote mit einem Mindestgebot vergleichbar, das sich in offenen Auktionen jedoch dynamisch dem Verhandlungsgeschehen anpassen lässt.

Englische Auktion

In wiederholten Auktionen besteht darüber hinaus die Möglichkeit, anhand von Phantomgeboten zunächst das maximale Fremdgebot zu ermitteln, um dann in einer weiteren Auktion genau diesen Preis anhand eines entsprechenden Phantom- oder Mindestgebotes zu erzielen. Dabei besteht jedoch die Gefahr, dass die Manipulation an der erneuten Versteigerung desselben Auktionsgutes erkannt und geahndet wird. Dieses Risiko ist bei einmaligen Gütern wie Kunstwerken oder Immobilien besonders groß und bei Massenprodukten entsprechend geringer.

Auch in der Vickrey Auktion sind Phantomgebote möglich, denen oft ein Informationshandel zwischen Auktionator und Anbieter vorausgeht. In der unmanipulierten Vickrey Auktion geben alle Nachfrager i ein Gebot in Höhe ihrer Zahlungsbereitschaft $o_i = v_i$ ab, woraus für den Anbieter der Gewinn $\pi_a = v_2 - v_a$ resultiert. Die Information des Auktionators über das Höchstgebot o_1 kann dem Anbieter zu einem Phantomgebot dienen. Ein derartiges Phantomgebot o_2' ist geringfügig niedriger als o_1 und erhöht den Gewinn des Anbieters um die Differenz $v_1 - v_2$ auf $\pi_a' = v_1 - v_a$.

Vickrey Auktion

In verdeckten Zweitpreisauktionen sollte daher ebenfalls eine Trusted Third Party die Rolle des Auktionators wahrnehmen. Im Internet tritt erneut der technische Aspekt hinzu, dass die Übertragung und die Speicherung der Gebote vertraulich und sicher erfolgen muss.

6.4.4. Manipulationsstabilität

Vergleich

Die verschiedenen Manipulationsformen sind nicht in jeder Auktion anwendbar. Vielmehr zeigt der in Abbildung 6.6 dargestellte Vergleich, dass sich die Auktionsformen hinsichtlich der Stabilität gegenüber Manipulationen deutlich voneinander unterscheiden.

	Englische Auktion	verdeckte Erstpreisauktion	Holländische Auktion	Vickrey Auktion
Bieterkartell	möglich	möglich	möglich	möglich
Phantomgebote	möglich	—	—	möglich
Informationshandel an Anbieter	—	—	—	möglich
Informationshandel an Nachfrager	—	möglich	—	—

Abbildung 6.6: Manipulations- und Auktionsformen

Die Holländische Auktion zeichnet sich dadurch aus, dass neben dem grundsätzlich möglichen Bieterkartell keine weiteren Manipulationen stattfinden können. Bei der Englischen Auktion und der Vickrey Auktion treten Phantomgebote als weitere Manipulationsform hinzu. Obwohl die Englische Auktion im Internet dominiert, finden sich dort kaum Maßnahmen um diese Manipulation zu verhindern. Hinzu kommt, dass die Teilnehmer auf vielen Plattformen leicht mehrere Phantom-Identitäten erlangen können.

Bei der Vickrey Auktion tritt als weiterer Aspekt hinzu, dass auch ein Informationshandel an den Anbieter möglich ist. Die Vickrey Auktion ist daher problematisch, falls Anbieter und Auktionator einer Versteigerung identisch sind. Dies ist in Ausschreibungen oft der Fall, sodass dort zumeist die verdeckte Erstpreisauktion eingesetzt wird. An der verdeckten Erstpreisauktion ist interessant, dass sie trotz der strategischen

Äquivalenz zur Holländischen Auktion zusätzlich einen Informationshandel an Nachfrager ermöglicht.

6.5. Erweiterte Auktionsformen

Auktionen haben im Internet aufgrund deutlich reduzierter Transaktionskosten rapide an Bedeutung gewonnen und verdrängen in vielen Bereichen zunehmend statische Preisbildungsverfahren. Während jedoch einerseits die Einsatzgebiete und das Volumen der über Auktionen gehandelten Güter zunehmen, sind anderseits hinsichtlich der verwendeten Auktionsverfahren nur kleine Veränderungen zu verzeichnen. Dies ist bemerkenswert, weil die derzeit eingesetzten einfachen Auktionen auf die Versteigerung genau eines Gutes seitens genau eines Anbieters beschränkt sind und darüber hinaus nur eine Verhandlung bezüglich des Preises ermöglichen. Das für traditionelle Märkte nicht untypische Szenario eines simultanen Handels differenzierter Güter zwischen mehreren Anbietern und Nachfragern ist mit einfachen Auktionen nur stark eingeschränkt umsetzbar. Für die Praxis ergeben sich daraus verschiedene Erweiterungsaspekte.

Status quo im Internet

- **Mehrfache Transaktionen:** Im Rahmen einer einfachen Auktion wird genau eine Transaktion zwischen einem Anbieter und einem Nachfrager geschlossen. Eine Versteigerung von mehreren Einheiten eines Produktes an verschiedene Nachfrager ist nicht möglich, wird in der Praxis jedoch oft benötigt.

- **Kontraktoptimierung:** Mit einfachen Auktionen kann nur hinsichtlich des Preises verhandelt werden. In der Praxis ist demgegenüber oft auch ein Interessenausgleich bezüglich weiterer Vertragsparameter wie dem Lieferzeitpunkt und der Produktqualität erforderlich.

- **Polypolistische Szenarien:** Einfache Auktionen sind in ihrer Anwendbarkeit auf monopolistische Szenarien, also Szenarien mit genau einem Anbieter und mehreren Nachfragern (oder genau einem Nachfrager und mehreren Anbietern) beschränkt. Polypolistische Szenarien lassen sich mit einfachen Auktionen nicht adäquat abbilden.

Erweiterungsaspekte

Dem Bedarf nach leistungsfähigeren Verfahren stehen in der Theorie verschiedene erweiterte Auktionsformen gegenüber. Diese erweiterten Auktionen werden teilweise in klassischen Wirtschaftsbereichen außerhalb des Internet wie den Börsenmärkten seit längerem erfolgreich eingesetzt. Für das Internet bieten diese Verfahren das Potential, weitere Marktsegmente für elektronische Auktionen zu erschließen.

6.5.1. Mehrfache Transaktionen

Mehrfache Transaktionen sind notwendig, falls ein Anbieter mehrere Einheiten eines Gutes versteigern möchte. Als Erweiterung des Szenarios der einfachen Auktion sei dazu angenommen, dass der Anbieter nicht über genau ein einfaches Transaktionsbedürfnis v_a, sondern über insgesamt x derartige, identische Transaktionsbedürfnisse verfügt. Die Nachfrager besitzen weiterhin ein einfaches Transaktionsbedürfnis, wollen also jeweils genau eine Einheit des Gutes ersteigern.

Wiederholte Auktionen Eine einfache Möglichkeit zur Umsetzung mehrfacher Transaktionen bieten wiederholte Auktionen (engl. *Sequential Auctions*). Hierbei werden mehrere einfache Auktionen in zeitlicher Abfolge nacheinander durchgeführt. Damit wird neben mehrfachen Transaktionen auch ein zeitlich differenzierter Handel möglich. Die Ausgestaltung einer wiederholten Auktion beinhaltet die Wahl der einfachen Auktion, die wiederholt ausgeführt werden soll. Dabei wird in der Regel auf eine der klassischen Auktionsformen zurückgegriffen. Bei verdeckten Auktionen ist zudem zu entscheiden, welche Informationen die Nachfrager im Anschluss an die Einzelauktionen erhalten. Hierzu können der Auktionspreis, die einzelnen Gebote und auch die Identitäten der Bieter zählen. Diese Informationen sind maßgeblich für die strategischen Möglichkeiten der Teilnehmer.

Die in der Literatur untersuchten Modelle wiederholter Auktionen gehen zumeist von einer fest vorgegebenen Angebotsmenge und einer bekannten Anzahl von Nachfragern aus. Unter den Rahmenbedingungen des Benchmark Model gilt analog dem Revenue Equivalence Theorem, dass der erwartete Gewinn des Anbieters unabhängig von der gewählten Auktionsform ist (Klemperer 1999).

Simultane Auktionen Simultane Auktionen (engl. *Simultaneous Auctions*) führen mehrere Transaktionen im Rahmen einer Auktion durch. Der

Ablauf gliedert sich wie bei einfachen Auktionen in die Schritte Auktionsstart, Bietphase, Auktionsende und Transaktionsbildung. Die Bietphase erfolgt in der Regel verdeckt, wobei jeder Nachfrager maximal ein Gebot abgibt. In der Transaktionsbildung erhalten die Nachfrager mit den x höchsten Geboten den Auktionszuschlag, führen also jeweils eine Transaktion mit dem Anbieter durch.

Hinsichtlich der Preisbildung wird zwischen *einheitlichen* und *diskriminierenden* Preisen unterschieden. Bei einheitlichen Preisen zahlen alle Auktionsgewinner den gleichen Betrag. In der Regel ordnet man dazu die Gebote in absteigender Reihenfolge und wählt bei x Transaktionen einen Preis in Höhe des $x + 1$ höchsten Gebotes, also $p = o_{x+1}$. Diese Auktionsform weist Parallelen zur einfachen Vickrey Auktion auf. So ist die Präferenzoffenbarung hier ebenfalls eine dominante Strategie. Alternativ wird auch das x höchste Gebot als einheitlicher Preis verwendet. In diesem Fall ist die Präferenzoffenbarung jedoch keine dominante Strategie.

Bei diskriminierenden Preisen zahlen die Auktionsgewinner dagegen einen Betrag in Abhängigkeit ihres Gebotes. In der Regel entspricht der Preis dem eigenen Gebot, womit jeder Nachfrager i mit einem der x höchsten Gebote einen Preis von $p_i = o_i$ zahlt. Diese Auktionsform entspricht im Fall $x = 1$ der verdeckten Erstpreisauktion.

Unter den Annahmen des Benchmark Model gilt für die beiden Preisbildungsvarianten analog dem Revenue Equivalence Theorem, dass der erwartete Gewinn des Anbieters identisch ist (McAfee u. McMillan 1987). Dies gilt auch für den Vergleich simultaner und wiederholter Auktionen (Wilson 1992). Wird hingegen beispielsweise die Risikoneutralität der Nachfrager durch risikoaverses Verhalten ersetzt, so bieten diskriminierende Preise für den Anbieter einen höheren erwarteten Gewinn als einheitliche Preise (Weber 1983).

6.5.2. Kontraktoptimierung

Die Ausgestaltung von Vertragsparametern wie dem Lieferzeitpunkt und der Produktqualität ist ein weiterer Verhandlungsaspekt, der von einfachen Auktionen nicht abgebildet wird. Diese in der Praxis oft benötigte Kontraktoptimierung lässt sich anhand einer *multidimensionalen Auktion* implementieren.

Multidimensionale Auktionen

6. Auktionen

Notation

Motivation für das Konzept multidimensionaler Auktionen (engl. *Multidimensional Auctions*) sind Beschaffungsvorgänge der öffentlichen Hand, in denen mehrere Anbieter im Rahmen einer Ausschreibung um einen Auftrag konkurrieren. Für die Auswahl des günstigsten Angebotes sind dabei neben dem Preis oft weitere Produkteigenschaften zu berücksichtigen.

Die folgende Darstellung verwendet das in der Literatur übliche Szenario einer Ausschreibung, also eines Nachfragers und mehrerer Anbieter. Die konkrete Ausgestaltung der verschiedenen Vertragsparameter wird zur Verallgemeinerung als Kontrakt k bezeichnet. Alle möglichen Kontrakte sind in der Kontraktmenge K enthalten. Das Transaktionsbedürfnis des Nachfragers $v_n:K \rightarrow R$ ordnet jedem Kontrakt $k \in K$ eine Zahlungsbereitschaft zu. Die Transaktionsbedürfnisse der Anbieter lassen sich als individuelle Kostenfunktionen $v_i:K \rightarrow R$ interpretieren. Die Offerte $o_i = (k_i, p_i)$ eines Anbieters i besteht in der multidimensionalen Auktion aus einem Kontrakt $k_i \in K$, der zu einem Preis $p_i \in R$ angeboten wird.

Ablauf

Bei Auktionsstart gibt der Nachfrager zunächst eine Bewertungsfunktion bekannt, anhand der später der Zuschlag vergeben wird. Diese Bewertungsfunktion $b(o)$ definiert eine für den Nachfrager verbindliche Ordnung auf der Menge aller Offerten in Form einer Abbildung $b:K \times R \rightarrow R$. Die Offerte mit der höchsten Bewertung erhält den Zuschlag.

Die Bietphase erfolgt verdeckt, wobei jeder Anbieter i genau eine Offerte o_i abgibt. Die Anbieter optimieren ihre Offerte bezüglich der Bewertungsfunktion. Dazu wählt Anbieter i zunächst seine angestrebte Bewertung $y_i \in R$. Anschließend wird die optimale Offerte $o_i^* = (k_i^*, p_i^*)$ berechnet, die den Gewinn $\pi_i = (p_i^* - v_i(k_i^*))$ maximiert und zugleich die Nebenbedingung $b(o_i^*) = y_i$ erfüllt. Wird eine sogenannte quasilineare Bewertungsfunktion der Form $b(o) = b'(k) - p$ unterstellt, so ist der optimale Kontrakt k_i^* unabhängig vom Bewertungsziel y_i (Che 1993). Das Optimierungsproblem reduziert sich dann auf die Bestimmung des effizienten Kontraktes $k_i^* = argmax_k(b'(k) - v_i(k))$.

Diskussion

Die anbieterseitige Kontraktoptimierung reduziert das multidimensionale Verhandlungsproblem auf eine eindimensionale Verhandlung, in der quasi ein Wert y bezüglich der Bewertungsfunktion geboten wird. Falls die Bewertungsfunktion des Nachfragers seinen wahren Präferenzen entspricht, dann führt die anbieterseitige Kontraktoptimierung zu einem effizienten Ergebnis (Thiel 1988). Für den Nachfrager kann es jedoch in verschiedenen Auktionsvarianten profitabel sein, eine von seinen wahren Präferenzen abweichende Bewertungsfunktion zu wählen (Che 1993).

Die Bekanntgabe der Bewertungsfunktion ist in der Praxis nicht unproblematisch. Eine rechtlich verbindliche Bewertungsfunktion könnte den Nachfrager dazu zwingen, die damit verbundene Entscheidung auch dann umzusetzen, falls sich die Bewertungsfunktion zwischenzeitlich als ungeeignet erwiesen hat. Die Veröffentlichung der eigenen Präferenzen kann zudem nachteilig sein, falls darin unter Wettbewerbsaspekten vertrauliche Informationen enthalten sind. Eine weitere Einschränkung der multidimensionalen Auktion besteht darin, dass sich nur monopolistische Szenarien abbilden lassen.

6.5.3. Polypolistische Verhandlungen

Auktionsmechanismen für polypolistische Verhandlungen werden in der Literatur als *doppelte Auktionen* und *Börsenmechanismen* bezeichnet. Doppelte Auktionen bieten den Akteuren beider Marktseiten symmetrische Handlungsmöglichkeiten, indem Anbieter Verkaufsofferten und Nachfrager Kaufofferten vornehmen können. In der Praxis werden doppelte Auktionen unter anderem auf Börsenmärkten eingesetzt und haben sich dort als effiziente Verhandlungsmechanismen erwiesen. Doppelte Auktionen existieren in zahlreichen Varianten. Im Folgenden wird zunächst die einmalige doppelte Auktion vorgestellt. Anschließend werden mit der wiederholten und der kontinuierlichen doppelten Auktion zwei erweiterte Konzepte diskutiert.

Ausgangspunkt der doppelten Auktion ist ein polypolistisches Szenario, in dem eine Menge von Anbietern $N_a = \{1,...,na\}$ einer Menge von Nachfragern $N_n = \{1,...,nn\}$ gegenübersteht. Es werden homogene Güter gehandelt. Die individuellen Transaktionsbedürfnisse der Teilnehmer bestehen in einem Wert $v \in R$, der den individuellen Reservationspreis beziehungsweise die individuelle Zahlungsbereitschaft darstellt. Die Transaktionsbedürfnisse der Anbieter sind mit $v_{a,1},...,v_{a,na}$ und die der Nachfrager entsprechend mit $v_{n,1},...,v_{n,nn}$ bezeichnet.

Einmalige doppelte Auktionen

Ablauf

Der Ablauf gliedert sich in die Schritte Auktionsstart, Bietphase, Auktionsende und Transaktionsbildung. In der Bietphase geben die Anbieter i und Nachfrager j genau eine Offerte $o_{a,i} \in R$ beziehungsweise $o_{n,j} \in R$ verdeckt ab. Die Transaktionsbildung führt die Offerten anschließend zu bilateralen Transaktionen zusammen. Die doppelte Auktion fungiert damit als eine Clearing-Stelle zum Auflösen von Kaufs- und Verkaufsordern. In der Literatur sind daher auch die Begriffe des *Clearing House* und der *Gesamtkursermittlung* üblich.

Die Transaktionsbildung findet in der Regel wie folgt statt. Zunächst werden die Offerten der Anbieter in aufsteigender Reihenfolge und die Offerten der Nachfrager in absteigender Reihenfolge geordnet. Die dabei gebildeten Vektoren ($o_{a,1}$, $o_{a,2}$,...) und ($o_{n,1}$, $o_{n,2}$,...) stellen quasi eine diskrete Angebots- und Nachfragekurve dar. Als Transaktionsanzahl wird das maximale x gesucht, für das die Angebotsofferte $o_{a,x}$ nicht die Nachfrageofferte $o_{n,x}$ übersteigt, also $o_{a,x} \leq o_{n,x}$ gilt. Entsprechend dieser Anzahl finden Transaktionen zwischen den ersten x Anbietern und Nachfragern statt. Das Vorgehen ist in Abbildung 6.7 skizziert.

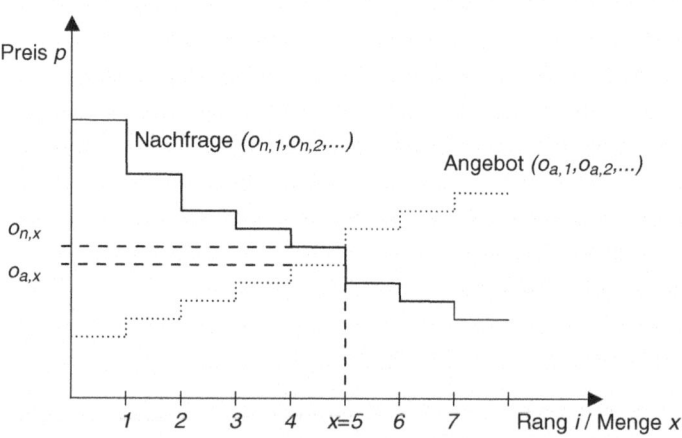

Abbildung 6.7: Gesamtkursermittlung einer doppelten Auktion

Die Preisbildung kann in Form einheitlicher oder diskriminierender Preise erfolgen. Bei einheitlichen Preisen ist es für die individuellen Transaktionsgewinne unerheblich, welcher Käufer mit welchem Verkäufer eine Transaktion durchführt. Es wird ein Preis $p \in [o_{a,x}, o_{n,x}]$ gewählt, beispielsweise der Mittelwert $p = (o_{a,x} + o_{n,x})/2$. Mit zunehmender Zahl an Marktteilnehmern nimmt die Breite des Preisintervalls $[o_{a,x}, o_{n,x}]$ typischerweise ab und es ergibt sich ein näherungsweise eindeutiger Gleichgewichtspreis. Bei diskriminierenden Preisen wird demgegenüber für jede Transaktion $y = 1,\ldots,x$ ein individueller Betrag gewählt. Dies kann beispielsweise der Mittelwert von Angebots- und Nachfrageofferte $p_y = (o_{a,y} + o_{n,y})/2$ sein. In diesem Fall hat die Zuordnung der Transaktionspartner Einfluss auf die individuellen Transaktionsgewinne.

Das dargestellte Verfahren zielt auf eine bezüglich der Gesamtrente effiziente Allokation ab. Anstelle einer Effizienzmaximierung können auch andere Ziele verfolgt werden. Die maximale Transaktionsmenge ergibt sich bei diskriminierenden Preisen beispielsweise, indem den Nachfrageofferten $o_{n,j}$ in absteigender Reihenfolge jeweils die höchste Angebotsofferte $o_{a,i} \leq o_{n,j}$ zugeordnet wird. In dem Beispiel in Abbildung 6.7 lassen sich so alle Offerten in Transaktionen umsetzen. Ein weiteres, mögliches Ziel bietet die Gleichverteilung der Effizienzgewinne.

Varianten

Eine erste Analyse der doppelten Auktion wurde von Chatterjee und Samuelson für das Szenario genau eines Anbieters und genau eines Nachfragers vorgenommen (Chatterjee u. Samuelson 1983). Für den Fall einer Preisbildung in Form des Mittelwertes aus Angebots- und Nachfrageofferte wird die Existenz eines symmetrischen Gleichgewichts gezeigt, in dem aufgrund des strategischen Verhaltens beider Teilnehmer nicht alle wohlfahrtssteigernden Transaktionen zustande kommen. Dieses Gleichgewicht ist jedoch insofern optimal, da kein anderer Verhandlungsmechanismus zu einem effizienteren Resultat führt (Myerson u. Satterthwaite 1983). Leininger et al. (1989) zeigen, dass neben diesem Gleichgewicht noch weitere Gleichgewichte existieren.

Diskussion

Wilson (1985a) untersucht erstmalig das Modell der doppelten Auktion für ein Szenario mehrerer Anbieter und Nachfrager, und zeigt die Effizienz bei hinreichend vielen Marktteilnehmern. Mit zunehmender Zahl der Marktteilnehmer nimmt der Anreiz zu strategischem Verhalten ab, womit auch die Effizienzverluste hieraus sinken (Rustichini 1994).

Durch die Modifikation der Transaktionsbildung lässt sich auch eine Präferenzoffenbarung der Teilnehmer als dominante Strategie implementieren (McAfee u. McMillan 1989). Das Konzept besteht hier in Analogie zur Vickrey Auktion darin, dass der von einem Akteur zu zahlende beziehungsweise erhaltene Betrag unabhängig von der Höhe seiner Offerte ist. Die Transaktionsbildung erfolgt dazu, indem nur Transaktionen zwischen den ersten $x - 1$ Anbietern und Nachfragern durchgeführt werden. Die Käufer zahlen einheitlich den Betrag $o_{n,x}$, die Verkäufer erhalten als Erlös einheitlich den Betrag $o_{a,x}$. Dieser Mechanismus weist jedoch zwei Schwachpunkte auf. Erstens wird die x-te Transaktion nicht durchgeführt, womit ein Effizienzverlust auftritt. Zweitens besteht der oft unerwünschte Effekt, dass der Mechanismus, und damit in der Regel der Veranstalter der Auktion, einen Gewinn von $(x - 1)(o_{n,x} - o_{a,x})$ erwirtschaftet.

Wiederholte und kontinuierliche Varianten

In der Praxis wird die doppelte Auktion auch oft für einen zeitlich differenzierten Handel eingesetzt. Eine einfache Möglichkeit dazu bietet die sogenannte *wiederholte doppelte Auktion*, in der das in Abschnitt 6.5.1 beschriebene Konzept der wiederholten Auktion auf die doppelte Auktion angewendet wird.

Eine insbesondere auf Börsenmärkten eingesetzte Alternative ist die *kontinuierliche doppelte Auktion* (engl. *Continuous Double Auction* (CDA) oder *Open Outcry Auction*). In diesem Verfahren ist die Trennung zwischen Bietphase und Transaktionsbildung aufgehoben. Es können kontinuierlich Offerten abgegeben werden und jede Transaktionsmöglichkeit wird sofort umgesetzt. Die Abgabe einer Offerte kann in *aktiver* und *passiver* Form erfolgen. Domowitz (1993) unterscheidet anhand der Marktseite die passiven Offerten *Ask* und *Bid* sowie die aktiven Offerten *Hit* und *Take*. Eine passive Offerte besteht darin, ein Angebot oder eine Nachfrage offen auf dem Markt zu einem Preis p anzubieten. Mit einer aktiven Offerte kann eine solche passive Offerte dann zu dem vorgegebenen Preis p angenommen werden. Die entsprechende Transaktion wird sofort ausgeführt. Da in diesem Verfahren kein Auktionsende im üblichen Sinne existiert, ist der Gültigkeitszeitraum der Offerten zu definieren. Hierzu lassen sich die Offerten um ein Verfallsdatum ergänzen oder den Akteuren wird die Möglichkeit eingeräumt, Offerten bei Bedarf zurückzunehmen.

Aufgrund ihrer hohen Komplexität sind die Untersuchungen zu wiederholten und kontinuierlichen doppelten Auktionen überwiegend empirischer Natur. Dabei wurde in zahlreichen Feldstudien realer Märkte, Laborexperimenten mit Menschen und Computersimulationen gezeigt, dass die Verfahren effiziente Marktallokationen erzielen.

Diskussion

6.5.4. Vergleich der Auktionsformen

Die verschiedenen Auktionsformen unterscheiden sich erheblich in den realisierbaren Marktszenarien. In Abbildung 6.8 ist dies anhand der betrachteten Erweiterungsaspekte vergleichend dargestellt.

	Mehrfache Transaktionen	Kontraktoptimierung	Polypolistische Verhandlungen
Einfache Auktionen	—	—	—
Wiederholte Auktion	möglich	—	—
Simultane Auktionen	möglich	—	—
Multidimensionale Auktionen	bei wiederholter Durchführung	möglich	—
Doppelte Auktionen	möglich	—	möglich

Abbildung 6.8: Auktionsformen und Erweiterungsaspekte

Die im Internet derzeit dominierenden einfachen Auktionen bieten die geringsten Möglichkeiten und unterstützen keinen der betrachteten Erweiterungsaspekte. Wiederholte und simultane Auktionen ermöglichen demgegenüber auch mehrfache Transaktionen. Eine Kontraktoptimierung wird ausschließlich von den multidimensionalen Auktionen unterstützt. Diese Auktionsform lässt sich auch wiederholt ausführen und erlaubt dann ebenfalls mehrfache Transaktionen. Doppelte Auktionen bieten die Möglichkeit zu polypolistischen Verhandlungen und mehrfachen Transaktionen.

Der Vergleich zeigt, dass keine der betrachteten Auktionsformen alle Erweiterungsaspekte abdeckt. In der Literatur finden sich darüber hinaus auch spezielle Auktionsverfahren, die beispielsweise eine Kontraktoptimierung in polypolistischen Märkten ermöglichen (Peters 2002). Diese Verfahren finden in der Praxis jedoch bislang keinen Einsatz.

6.6. Bietagenten

Mit der Verbreitung von Auktionen im Internet sind sogenannte Bietagenten entstanden. Bietagenten sind Software-Robots, also einfache Programme, die den Benutzer in den Auktionen bei Routinetätigkeiten unterstützen. Das Grundkonzept besteht darin, dass der Benutzer dem Bietagenten beim Start ein Maximalgebot und eine Bietstrategie vorgibt und dieser dann automatisch den weiteren Auktionsverlauf beobachtet und Gebote abgibt.

6.6.1. Einfache Bietagenten

Formen

Eine einfache Form von Bietagenten kommt im Rahmen der Englischen Auktion zum Einsatz. Die zu automatisierende Routinetätigkeit besteht hier darin, das aktuelle Höchstgebot einer Auktion zu beobachten und zu überbieten, falls die eigene Zahlungsbereitschaft ein fremdes Höchstgebot übersteigt.

Eine andere Form bildet das sogenannte Sniping in Englischen Auktionen mit festem Auktionsende, also ohne Countdown (vgl. auch Abschnitt 6.2.1). Hierbei gibt der Bietagent die Offerte erst so kurz vor Auktionsende ab, dass kein anderer Bieter darauf reagieren kann. Derartige Bietagenten werden im Internet von verschiedenen Anbietern offeriert, obwohl viele Auktionsbetreiber dies als unlautere Bietstrategie bewerten.

Demgegenüber ist das sofortige automatische Überbieten von Fremdgeboten mittlerweile allgemein akzeptiert und wird von Anbietern wie eBay als Dienst der Auktionsplattform bereitgestellt. Der Einsatz eines solchen Bietagenten bietet neben einer Automatisierung auch Schutz vor dem Sniping anderer Teilnehmer, da der in die Auktionsplattform integrierte Dienst mit jedem neuen Gebot verzögerungslos tätig wird.

Aus auktionstheoretischer Perspektive transformiert der einfache Bietagent die Englische Auktion in eine Vickrey Auktion, da der Nachfrager dem Agenten einmalig seine wahre Zahlungsbereitschaft als Maximalgebot mitteilt. Dem Betreiber des Bietagenten kommt damit eine Vertrauensposition zu, da es sich bei der wahren Zahlungsbereitschaft des Nachfragers um eine vertrauliche Information handelt, die zu Phantomgeboten genutzt werden kann. Tritt der Betreiber des Bietagenten gleichzeitig als Anbieter in einer Auktion auf, so sind Zielkonflikte möglich.

Vickrey Auktion

6.6.2. Bietgruppen-Agenten

Eine Einschränkung einfacher Auktionen besteht darin, dass nur genau ein Gut genau eines Anbieters handelbar ist. Auf den Auktionsplattformen finden daher eine Vielzahl von Auktionen simultan statt, in denen identische Güter separat versteigert werden. Für die Nachfrager besteht dabei das Problem, dass ein gleichzeitiges Bieten in verschiedenen Auktionen zu dem unerwünschten Ergebnis führen kann, mehrere Exemplare des gewünschten Gutes zu erwerben.

Als Unterstützung können sogenannte *Bietgruppen-Agenten* dienen, die von verschiedenen Anbietern im Internet offeriert werden. Bietgruppen-Agenten erweitern das Konzept des einfachen Bietagenten um die Möglichkeit, mehrere Auktionen in einer Bietgruppe zusammenzufassen. Nachdem der Nutzer eine Bietgruppe und die maximale Zahlungsbereitschaft festgelegt hat, verfolgt der Agent das Ziel, in genau einer der Auktionen den Zuschlag zu einem möglichst günstigen Preis zu erhalten. Dazu werden alle Auktionen der Bietgruppe beobachtet und die Gebote so platziert, dass zu jedem Zeitpunkt maximal ein eigenes Höchstgebot besteht.

Konzept

Der Bietgruppen-Agent erweitert die einfachen Auktionen hin zu einem polypolistischen Szenario. Aus Perspektive der Teilnehmer ergibt sich damit quasi eine doppelte Auktion. Das Konzept erfordert, dass der Anwender selbst eine Recherche und Zuordnung gleichwertiger Auktionsgüter vornimmt. Eine Automatisierung ist hier nur ansatzweise möglich, da auf den Auktionsplattformen im Internet keine hinreichend genauen und verbindlichen Güterklassifikationen existieren. Diese

Doppelte Auktion

Verlagerung des Ontologie-Problems auf den einzelnen Nutzer bietet jedoch auch die Möglichkeit, individuelle Präferenzen bei der Zusammenstellung einer Bietgruppe zu berücksichtigen.

6.6.3. Multidimensionale Bietagenten

Motivation

Der Einsatz von Bietgruppen-Agenten ermöglicht polypolistische Szenarien, lässt jedoch differenzierte Güter unberücksichtigt. Konstruktionsmerkmal einer Bietgruppe ist, dass der Nachfrager für alle darin enthaltenen Güter dieselbe Zahlungsbereitschaft hat. In der Praxis werden jedoch oft Güter angeboten, die einander ähnlich, jedoch nicht vollkommen identisch sind. Zieht ein Nachfrager alternative Angebote in Erwägung, für die er differierende Zahlungsbereitschaften hat, so ist das Transaktionsbedürfnis nicht mit einem Bietgruppen-Agenten realisierbar.

Die Umsetzung differenzierter Transaktionsbedürfnisse bedarf eines erweiterten Konzeptes, das individuelle Zahlungsbereitschaften für alternative Güter berücksichtigt. Als ein möglicher Lösungsansatz wird im Folgenden ein erweiterter Bietagent vorgestellt, der Konzepte der multidimensionalen Auktion und der Bietgruppe miteinander verbindet.

Konzept

Ausgangspunkt der Überlegung ist ein Nachfrager, der ein hypothetisches Idealgut sucht, für das seine Zahlungsbereitschaft v beträgt. Bei einem Kauf dieses Idealgutes zum Preis p erzielt der Nachfrager einen Gewinn in Höhe der Differenz $\pi = v - p$. Auf dem Markt werden die Güter $i = 1,\ldots,n$ angeboten, die dem Idealgut ähnlich sind, jedoch nicht exakt entsprechen. Aufgrund der Abweichungen von seiner Idealvorstellung besitzt der Nachfrager für jedes dieser Güter eine reduzierte Zahlungsbereitschaft von $v_i < v$. Dabei sei $\Delta_i = v_i - v$ die Differenz zwischen den Zahlungsbereitschaften für ein konkretes Angebot i und das hypothetische Idealgut.

Der multidimensionale Bietagent muss im ersten Schritt zunächst die relevante Gütermenge $1,\ldots,n$ und die zugehörigen Zahlungsbereitschaften $v_1,\ldots,v_n$ vom Nutzer erfragen. Das Konzept des hypothetischen Idealgutes lässt sich dazu nutzen, den Anwender bei der Spezifikation seiner Zahlungsbereitschaften zu leiten. Dazu können zunächst die maximale Zahlungsbereitschaft v und anschließend die Differenzen Δ_i erfragt werden.

Die Umsetzung des Transaktionsbedürfnisses erfolgt dann wie in Abbildung 6.9 dargestellt. Der Agent beobachtet kontinuierlich die Höchstgebote $h_1,\ldots,h_n$ in den Auktionen $1,\ldots,n$. Ist in keiner Auktion ein eigenes Höchstgebot platziert, so wird der Bietagent aktiv. Dies ist beim Start des Agenten und nach dem Überbieten des eigenen Höchstgebotes durch einen anderen Teilnehmer der Fall. Der Bietagent berechnet dann die derzeit profitabelste Auktion $i = argmax_{j=1,\ldots,n}\ v_j - h_j$ und platziert dort entweder ein neues Höchstgebot $h_i + \varepsilon$ oder bricht seine Aktivität ab, falls keine Auktion einen positiven Gewinn $v_j - h_j \geq 0$ bietet. Das Verfahren platziert maximal ein Gebot zur Zeit und erfordert daher zu keinem Zeitpunkt, ein Gebot zu widerrufen.

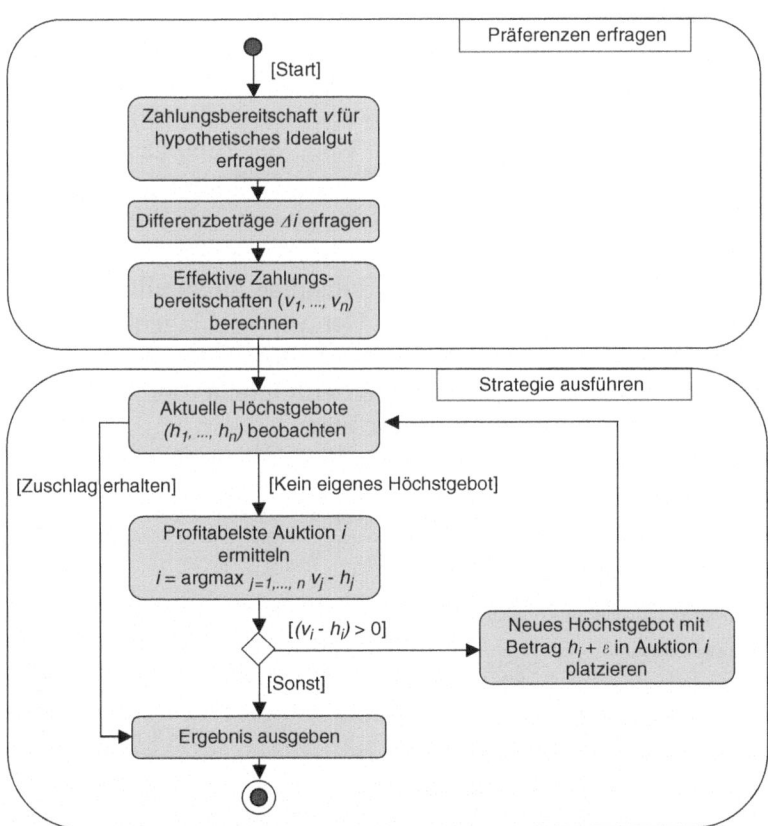

Abbildung 6.9: Konzept eines multidimensionalen Bietagenten

Der multidimensionale Bietagent erweitert die einfache Englische Auktion zu einer doppelten multidimensionalen Auktion und ermöglicht den Handel differenzierter Güter zwischen vielen Anbietern und Nachfragern.

6.6.4. Entwicklungsperspektiven

Die Analyse verschiedener Bietagenten zeigt, dass durch den Agenteneinsatz eine anwenderbezogene Erweiterung der Auktionsverfahren erreicht wird, ohne in die zugrundeliegende Auktionsplattform einzugreifen. Bietagenten können so die Defizite einfacher Auktionen teilweise beheben und ermöglichen damit leistungsfähigere Marktszenarien.

Entwicklungsstufen
Der zunehmende Leistungsumfang der vorgestellten Konzepte geht mit einer wachsenden Komplexität einher. In Abbildung 6.10 sind die Entwicklungsstufen der Bietagenten zusammengefasst. Der einfache Bietagent (1) transformiert die Englische Auktion in eine Vickrey Auktion und bietet auch eine Lösung für das mit einem festen Ende der Bietphase verbundene Sniping-Problem, da seine im Idealfall verzögerungslose Reaktion keine Angriffsmöglichkeiten bietet. Der Bietgruppen-Agent (2) aggregiert mehrere einfache Auktionen zu einer doppelten Auktion und erlaubt die Teilnahme an simultanen Versteigerungen homogener Güter. Der vorgeschlagene multidimensionale Bietagent (3) bedient sich zusätzlich der Konzepte multidimensionaler Auktionen und ermöglicht die Umsetzung differenzierter Transaktionsbedürfnisse.

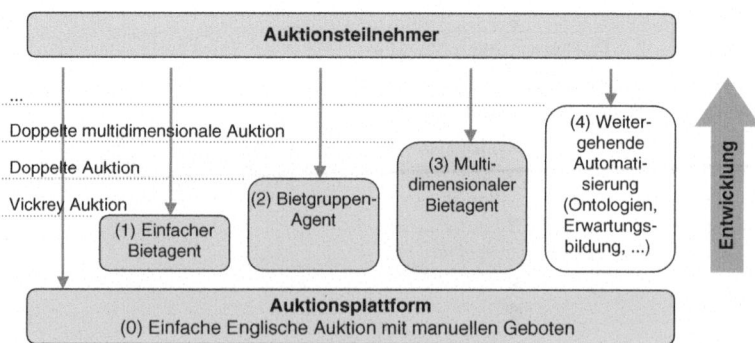

Abbildung 6.10: Entwicklungsstufen der Bietagenten

Betrachtet man die Entwicklung der Bietagenten unter den Gesichtspunkten der unterstützten Marktformen und der handelbaren Güter, so ergibt sich das in Abbildung 6.11 dargestellte Bild. Auch hier zeigt sich, dass leistungsfähige Bietagenten eine Alternative zum Einsatz komplexerer Auktionsverfahren auf Ebene der Auktionsplattform bieten können.

	Homogene Güter	Differenzierte Güter
Monopolistische Verhandlungen (1:n)	(1) Einfache Bietagenten	(3) Multi-dimensionale Bietagenten
Polypolistische Verhandlungen (n:m)	(2) Bietgruppen-Agenten	

Abbildung 6.11: Einsatzgebiete verschiedener Bietagenten

Bewertung

Zwei Aspekte begünstigen die agentenbasierte Erweiterung gegenüber dem Einsatz komplexerer Auktionsverfahren. Erstens ist kein Eingriff in die bestehende Auktionsplattform und die Teilnehmergemeinschaft notwendig. So können den einzelnen Teilnehmern individuelle Benutzungsschnittstellen angeboten werden, ohne den Netzwerkeffekt einer großen Gemeinschaft zu beeinträchtigen. Zweitens setzen die diskutierten Bietagenten keine für alle Marktteilnehmer verbindliche Ontologie der Verhandlungsgegenstände voraus, wie dies bei multidimensionalen Auktionen der Fall ist. Insgesamt bietet sich damit auch ein Erklärungsansatz für die anhaltende Dominanz der Englischen Auktion in der Praxis.

Ausblick

Die in Abbildung 6.10 angedeutete, zukünftige Entwicklung könnte in einer weitergehenden Automatisierung bestehen. Einen Aspekt bietet dabei die Entwicklung marktweit verbindlicher Ontologien, anhand derer sich die Auktionsgüter eindeutig kennzeichnen lassen. Auf Basis derartiger Ontologien könnte beispielsweise die manuelle Güterzuordnung bei Bietgruppen-Agenten und multidimensionalen Bietagenten automatisiert werden.

Einen weiteren Aspekt bildet die automatisierte Erwartungsbildung der Auktionsteilnehmer. Erweiterte Bietagenten könnten den Markt langfristig beobachten und die zukünftige

Verteilung der Marktpreise schätzen. Eine marktweit verbindliche Ontologie der Güter würde auch hier erlauben, gleichartige Auktionsgüter einander automatisch zuzuordnen und detaillierte, güterspezifische Erwartungen zu bilden. Auf einer solchen Datenbasis könnten dann leistungsfähigere Bietstrategien entwickelt werden.

6.7. Übungsaufgaben

1. Aus welchen Gründen erlangen Auktionen im Kontext von Internet und digitalen Gütern wachsende Bedeutung?

2. In welchen Bereichen werden derzeit Auktionen im Internet eingesetzt? Recherchieren Sie nach Beispielen.

3. Welche einfachen Auktionsformen lassen sich unterscheiden? Inwieweit ist das jeweilige Bietverhalten von anderen Teilnehmern abhängig?

4. Was wird unter dem Begriff des Sniping verstanden? In welchen Auktionsformen ist Sniping möglich?

5. Worin besteht der Winners Curse? Inwieweit ist das Phänomen für Auktionen im Internet relevant?

6. Welche Aussagen lassen sich über den Erlös der einfachen Auktionen treffen?

7. Vergleichen Sie Auktionen und Festpreise. Nennen Sie Rahmenbedingungen, unter denen jeweils eines der Konzepte eindeutig zu bevorzugen ist.

8. Als Betreiber einer Auktionsplattform möchten Sie ein möglichst manipulationssicheres Verfahren anbieten. Für welche einfache Auktionsform entscheiden Sie sich?

9. In welchem Zusammenhang stehen eine starke Authentifizierung der Nutzer und eine sichere Kommunikation zu den Manipulationsmöglichkeiten auf einer Auktionsplattform?

10. Welchen grundlegenden Einschränkungen unterliegen einfache Auktionen hinsichtlich der realisierbaren Marktszenarien? Welche Erweiterungsansätze kennen Sie?

11. Der Nachfrager in einer multidimensionalen Auktion gibt die Bewertungsfunktion $b(o) = k - p$ bekannt. Welchen Kontrakt $k \in [0, 1]$ offeriert ein Anbieter mit der Kostenfunktion $c(k) = k^2$?

12. Betrachten Sie eine einmalige doppelte Auktion. Die Verkaufsofferten lauten 4, 5, 6, 7 und 8 €, die Kaufofferten 8, 7, 6, 5 und 4 €.

   a. Welcher Preis und Umsatz ergibt sich bei einer Gesamtkursermittlung?

   b. Welcher Umsatz lässt sich mit einer anderen Transaktionsbildung maximal erreichen?

13. Inwiefern können Bietagenten eine Alternative zu erweiterten Auktionsformen bieten? Diskutieren Sie Vor- und Nachteile.

7. Vertrauen und Reputation

Das Internet bietet seinen Teilnehmern zahlreiche neue Interaktionsmöglichkeiten. Die Bandbreite der Anwendungen umfasst den Abschluss von Geschäftstransaktionen auf Elektronischen Marktplätzen, den Austausch von Wissen in Diskussionsforen und Wikis sowie die Bildung virtueller Gemeinschaften im Rahmen von E-Communities. Zu den bekannten Plattformen wie eBay, Amazon, Wikipedia und YouTube hat grundsätzlich Jedermann Zugang. Damit agieren auf diesen offenen Plattformen zumeist anonyme oder einander unbekannte Teilnehmer und es bestehen oft Unsicherheiten über die wahren Absichten und Fähigkeiten der Interaktionspartner.

Motivation

Auf Elektronischen Marktplätzen stellt sich beispielsweise die Frage nach der Vertrauenswürdigkeit potentieller Transaktionspartner. Neben dem Verhalten eines Teilnehmers können auch andere Merkmale wie die Qualität einer Sache oder die fachliche Kompetenz einer Person in Frage stehen. Das letztere Problem hat im Web 2.0 besonderes Gewicht, da viele bislang passive Nutzer nun im Rahmen eines *Web of People* aktiv Inhalte publizieren. Die Beispiele zeigen, dass für zuverlässige Interaktionen neben technischen Sicherheitskriterien wie Integrität, Vertraulichkeit, Nicht-Abstreitbarkeit und Authentizität auch dem Vertrauen zwischen den Teilnehmern einer Plattform eine wesentliche Rolle zukommt.

Reputationssysteme können das Vertrauensproblem lösen, indem sie das bisherige Verhalten jedes Teilnehmers sichtbar machen und damit einen Anreiz zu vertragskonformem Verhalten schaffen. Der Begriff der Reputation wird in verschiedenen Wissenschaftsgebieten verwendet, unter anderem in der Soziologie, Psychologie, Betriebswirtschaftslehre und Volkswirtschaftslehre. Allgemein spricht man von Reputation, falls

Dritte einem Subjekt eine oder mehrere Eigenschaften zuschreiben (Wilson 1985b). Im ökonomischen Kontext wird der Begriff der Reputation insbesondere auf das vertrauenswürdige Verhalten eines Akteurs bezogen.

7.1. Vertrauensproblem im E-Commerce

Das grundlegende Vertrauensproblem offener Plattformen wird an Elektronischen Marktplätzen wie eBay besonders deutlich. Die Bezahlung im Falle einer Transaktion erfolgt hier üblicherweise per Vorkasse. Für den Verkäufer besteht damit die Möglichkeit, das Produkt nach erfolgter Bezahlung zu behalten und seinen Gewinn so zu erhöhen.

Modell Angenommen, zwei potentielle Transaktionspartner stehen einander in der in Abbildung 7.1 dargestellten Entscheidungssituation gegenüber. Der Verkäufer hat für sein Produkt einen Reservationspreis v_a und bietet es zu einem Preis $p > v_a$ an. Der Nachfrager hat eine Zahlungsbereitschaft $v_n > p$ und entscheidet zunächst, ob er das Angebot annimmt und bezahlt, oder es ablehnt. Anschließend entscheidet der Anbieter im Falle der Kaufentscheidung, ob er das Produkt vertragskonform an den Käufer ausliefert oder aber den Vertrag bricht und den Kaufpreis ohne Auslieferung des Produktes einbehält.

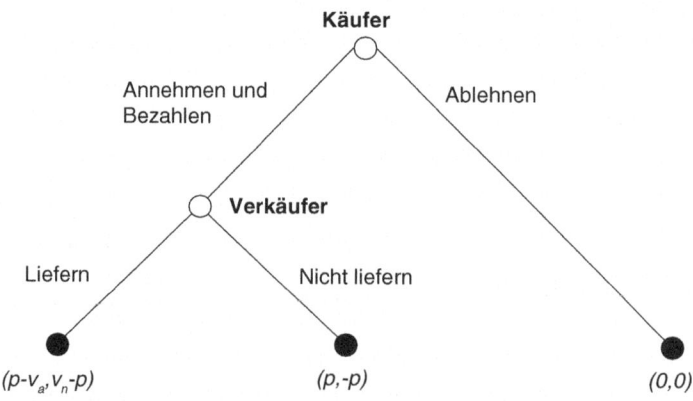

Abbildung 7.1: Einfaches Vertrauensspiel

Moral Hazard Mit einem Vertragsbruch kann der Verkäufer seinen Gewinn um den Betrag $p - (p - v_a) = v_a$ erhöhen. Da sich rechtliche

Ansprüche im Internet aufgrund weitgehender Anonymität oft nur schwer durchsetzen lassen, bleibt ein derartiger Betrug für den Verkäufer häufig ohne weitere Konsequenzen. Es liegt ein sogenanntes *Moral Hazard* Problem vor, da ein ökonomischer Anreiz zu unehrlichem Verhalten besteht. Ein rationaler Verkäufer wird sich in dieser Situation für den Betrug entscheiden. Umgekehrt wird ein rationaler Nachfrager dies antizipieren und sich gegen den Kauf entscheiden. Als Konsequenz kommt das gesamte Marktgeschehen aufgrund mangelnden Vertrauens zum Erliegen.

Erweitert man dieses einfache Modell dahin, dass nur ein Teil $q < 1$ der Anbieter tatsächlich betrügerisch handelt, so gelangt man zu dem bekannten Modell des *Lemons Market* (Akerlof 1970). Die Nachfrager befinden sich hier in einer Situation unvollständiger Information, da sie zum Zeitpunkt ihrer Kaufentscheidung nicht wissen, ob ihr Verkäufer ein Betrüger ist. Ein rationaler, risikoneutraler Nachfrager wird daher seine Zahlungsbereitschaft v_n mit der Wahrscheinlichkeit einer erfolgreichen Transaktion $(1-q)$ gewichten. Entsprechend reduziert sich seine Zahlungsbereitschaft auf den Betrag $(1-q)v_n$. Eine dergestalt reduzierte Zahlungsbereitschaft der Nachfrager kann dazu führen, dass die Marktplatzteilnahme für ehrliche Anbieter unprofitabel wird und diese somit aus dem Markt ausscheiden. Als Konsequenz dieser negativen Auslese (engl. *Adverse Selection*) kommt auch hier das gesamte Marktgeschehen zum Erliegen.

Akerlofs Lemons Market

7.2. Duale Funktion von Reputationssystemen

Reputationssysteme bieten eine Möglichkeit, Vertrauen zwischen den Interaktionspartnern herzustellen. Hierbei bewerten sich die Teilnehmer nach einer Transaktion gegenseitig hinsichtlich ihrer Vertrauenswürdigkeit. Die abgegebenen Bewertungen werden gesammelt, aggregiert und allen Teilnehmern zur Verfügung gestellt. Die Teilnehmer sind damit zum einen in der Lage, durch das Sammeln positiver Bewertungen eine Reputation als vertrauenswürdige Transaktionspartner aufzubauen. Zum anderen können sie sich vor dem Abschluss einer Transaktion über die bisherige Vertrauenswürdigkeit ihres potentiellen Partners informieren.

Konzept

Angenommen, der Anbieter in dem einfachen Vertrauensspiel in Abbildung 7.1 plant, in Zukunft regelmäßig auf dem Marktplatz tätig zu sein und in jeder Periode $t = 1, 2, 3, \ldots$ genau eine Transaktion mit wechselnden Nachfragern durchzuführen. Ohne den Einsatz eines Reputationssystems hat der Verkäufer den Anreiz, in jeder Einzeltransaktion den Vertrag zu brechen.

Betrachten wir nun als Erweiterung ein minimales Reputationssystem, mit dem potentielle Käufer das bisherige Verhalten des Anbieters bis einschließlich seiner letzten Transaktionen erfragen können. Falls die Nachfrager nur Anbieter mit einwandfreier Reputation akzeptieren, so hat dies zur Folge, dass ein Anbieter nach einem erstmaligen Betrug keine weiteren Transaktionen durchführen kann.

Betrugskalkül   Für den Anbieter steht damit dem einmaligen Gewinn v_a bei Vertragsbruch in Periode t als negative Konsequenz der entgangene Gewinn $p - v_a$ in allen Folgeperioden $t + 1, t + 2, \ldots$ gegenüber. Dieses Phänomen wird als *Shadow of the Future* bezeichnet. Bezieht man in die Überlegung eine Zeitpräferenz in Form eines Diskontfaktors δ mit ein, so ergibt sich für diesen Verlust der Gesamtbetrag

$$\delta^{t+1}(p - v_a) + \delta^{t+2}(p - v_a) + \cdots = \delta^{t+1}/(1 - \delta)(p - v_a).$$

Ein rationaler Anbieter wird sich genau dann vertragskonform verhalten, falls der Gewinn bei Vertragsbruch den anschließenden Verlust nicht übersteigt, also

$$v_a \leq \delta/(1 - \delta)(p - v_a)$$

gilt. Das Beispiel zeigt die duale Funktionsweise von Reputationssystemen. Zum einen besteht eine direkte *Signalisierungsfunktion* darin, das bisherige Verhalten jedes Teilnehmers sichtbar zu machen. Zum anderen wird eine indirekte *Sanktionierungsfunktion* ausgeübt, indem unehrliche Teilnehmer von weiteren Transaktionen ausgeschlossen werden.

Implikationen   Aus dem Kalkül des Anbieters ergeben sich verschiedene Konsequenzen für die Wirksamkeit eines Reputationssystems. So nimmt mit dem Diskontfaktor δ der Anreiz zu vertragskonformem Verhalten zu. Die Sanktionierungsfunktion des Reputationssystems ist umso größer, je stärker der Teilnehmer die Zukunft in seine Entscheidung einbezieht. Plant der Teilnehmer hingegen, die Plattform nach seinem Betrug zu verlassen, so bleibt die Sanktionierungsfunktion wirkungslos. Damit ein Reputationssystem erfolgreich ist, müssen die Teilnehmer also daran interessiert sein, langfristig auf der Plattform zu agieren. Bei kurzfristig agierenden Teilnehmern wird der Reputationsmechanismus demgegenüber versagen.

Neben dem Diskontfaktor δ geht auch der Preis p in das Betrugskalkül mit ein. Hohe Preise bieten für einen langfristig orientierten Anbieter einen Anreiz zu vertragskonformem Verhalten und haben damit auch eine Signalwirkung gegenüber den Nachfragern. Eine weitere Voraussetzung für die Wirksamkeit des Reputationsmechanismus ist, dass neue Teilnehmer für ihre erste Transaktion einen Vertrauensvorschuss erhalten. Einige Autoren argumentieren daher, dass Reputationssysteme nur deswegen funktionieren, weil die Teilnehmer glauben, dass sie funktionieren.

7.3. Anwendungsformen

In der Praxis haben Reputationssysteme mittlerweile eine weite Verbreitung gefunden. Der funktionale Aufbau dieser Systeme gliedert sich in die Verarbeitungsschritte *Erfassen*, *Aggregieren* und *Verbreiten*. Für die Ausgestaltung dieser drei Funktionen bieten sich verschiedene Varianten, die zu einem breiten Spektrum unterschiedlicher Systeme führen. In Abbildung 7.2

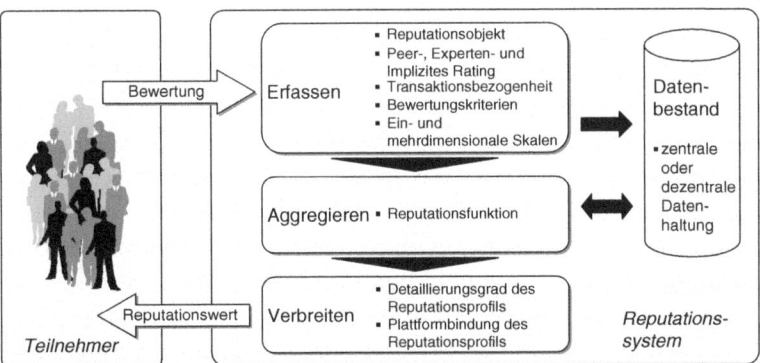

Abbildung 7.2: Funktionale Architektur von Reputationssystemen

Erfassen

ist die funktionale Architektur eines Reputationssystems mit verschiedenen Gestaltungsaspekten dargestellt.

Ausgangspunkt jedes Reputationssystems ist das zugrundeliegende Reputationsobjekt. Oft sind die Teilnehmer einer Plattform und deren Verhalten das Ziel der Bewertung, wie dies auf Elektronischen Marktplätzen üblich ist. Es lassen sich jedoch auch andere Objekte betrachten. So bietet Amazon seinen Nutzern die Möglichkeit, die dort angebotenen Produkte zu bewerten. In Diskussionsforen und Newsgroups sind oft die einzelnen Beiträge das Reputationsobjekt.

Die Abgabe der Bewertungen kann in unterschiedlicher Form erfolgen. Auf vielen Plattformen wie eBay oder Amazon können grundsätzlich alle Teilnehmer im Rahmen eines sogenannten *Peer Rating* Bewertungen vornehmen. Neben dieser weit verbreiteten Form lassen sich die in Abbildung 7.3 dargestellten Varianten unterscheiden.

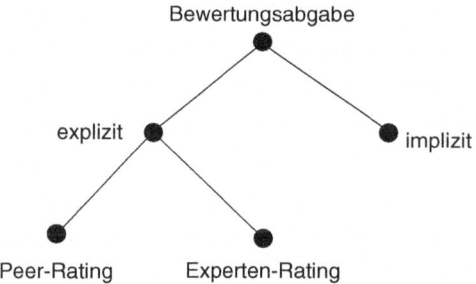

Abbildung 7.3: Formen der Bewertungsabgabe

Eine Alternative zum Peer Rating ist das sogenannte *Experten Rating*, bei dem nur ein eingeschränkter Teilnehmerkreis Bewertungen vornehmen kann. Ziel ist es, die Zuverlässigkeit der Bewertungen zu erhöhen und das Risiko von Manipulationen zu reduzieren. Das Experten Rating wird in der Praxis unter anderem zur Bewertung von Produkten und redaktionellen Inhalten eingesetzt, beispielsweise beim Anbieter cnet.de zur Bewertung von zum Download bereitgestellter Software.

Eine weitere Möglichkeit bieten *implizite Verfahren*, bei denen auf eine explizite Abgabe von Bewertungen durch die Teilnehmer verzichtet wird. Anstelle dessen wird auf andere Merkmale der Anwendungsdomäne zurückgegriffen. Online-Nachrichtenmagazine können die angebotenen Artikel beispielsweise anhand der Häufigkeit der Abrufe sortieren, um damit populäre Inhalte möglichst sichtbar zu platzieren. Bei dem Google Page Rank Verfahren wird die Reputation einer Webseite ebenfalls implizit anhand ihrer Popularität in Form der Anzahl der eingehenden Verweise ermittelt.

Abhängig von der Anwendungsdomäne lässt sich die Abgabe von Bewertungen an weitere Bedingungen knüpfen. Auf Elektronischen Marktplätzen können die Teilnehmer in der Regel nur im Anschluss an eine Transaktion bewertet werden. In ähnlicher Weise ist auch die Produktbewertung in einem Onlineshop mit dem vorhergehenden Kauf des jeweiligen Gutes verknüpfbar. Bei vielen Anbietern wie Amazon existiert eine derartige Bindung jedoch nicht. Dies erhöht einerseits die Anzahl abgegebener Bewertungen, bietet jedoch im Gegenzug auch Möglichkeiten für Manipulationen.

Die Aussagekraft der Bewertungen hängt auch von dem verwendeten Bewertungssystem ab. Zumeist sind die Bewertungen an eine vorgegebene Skala gebunden. Bei eBay ist dies eine dreistufige Skala mit den Werten +1 (positiv), 0 (neutral) oder −1 (negativ), die um einen kurzen textuellen Kommentar ergänzt wird. Ein bewerteter Teilnehmer hat die Möglichkeit, diese Bewertung seinerseits zu kommentieren. Bewertungen können im Rahmen einer Streitigkeit auch revidiert und zurückgenommen werden.

Andere Plattformen erlauben detailliertere Bewertungen anhand einer größeren Skala, wie bei Amazon mit fünf Stufen. Eine weitere Möglichkeit bieten mehrdimensionale Skalen, wie sie bei eBay optional eingeführt wurden. Hier ist eine detaillierte Bewertung anhand domänenspezifischer Kriterien wie der Versandzeit und der Versandgebühr möglich.

Die erfassten Bewertungen werden vom Reputationssystem gesammelt und den Teilnehmern in aggregierter Form als Reputationswert zur Verfügung gestellt. Die zur Aggregation verwendete Reputationsfunktion beschreibt, wie der Reputationswert aus der Vielzahl der Einzelbewertungen berechnet wird. Die Ausgestaltung der Reputationsfunktion bietet weitreichende Gestaltungsmöglichkeiten, von denen beispielsweise die Stabilität des Systems gegenüber Manipulationen abhängt.

Aggregieren

In der Praxis werden derzeit sehr einfache Reputationsfunktionen verwendet. Bei eBay wird der Reputationswert als ungewichtete Summe aller Einzelbewertungen gebildet. Hat ein

Teilnehmer innerhalb einer Woche mehrere Bewertungen von einem anderen Teilnehmer erhalten, so werden diese zu einer Einzelbewertung aggregiert. Andere Plattformen wie Amazon setzen ähnliche Reputationsfunktionen ein. Verschiedene Forschungsarbeiten deuten jedoch darauf hin, dass durch gewichtende Funktionen aussagekräftigere Reputationswerte und damit robustere Reputationssysteme möglich sind (Peters u. Reitzenstein 2008).

Verbreiten

Reputationssysteme stellen neben dem aggregierten Reputationswert oft noch weitere Informationen über das Reputationsobjekt bereit. Bei eBay besteht für jeden Teilnehmer die Möglichkeit, auch die Kommentare zu den einzelnen Bewertungen einzusehen. Darüber hinaus werden nach Zeiträumen von einem, sechs und zwölf Monaten gruppierte Zusammenfassungen angeboten. Gewerbliche Verkäufer, die sich regelmäßig bei einer hohen Zahl von Transaktionen vertrauenswürdig verhalten, werden zudem mit dem Status *Powerseller* ausgezeichnet. Eine weitere Option besteht für die Teilnehmer darin, sich einer zuverlässigen Identitätsprüfung wie dem Post-Ident-Verfahren zu unterziehen und damit besondere Vertrauenswürdigkeit zu signalisieren.

Datenbestand

Einen weiteren Gestaltungsaspekt bildet die Verwaltung des Datenbestandes, der neben den Reputationsobjekten insbesondere die gesammelten Bewertungen beinhaltet. Bei der Datenverwaltung kann zwischen zentralen und dezentralen Systemen unterschieden werden. Die beiden Varianten entsprechen den bereits in Kapitel 2 betrachteten Client-Server- und Peer-to-Peer-Architekturen. Die derzeit im Internet kommerziell eingesetzten Reputationssysteme sind zumeist zentralisiert aufgebaut. Auf Elektronischen Marktplätzen wie eBay stellt der Plattformbetreiber typischerweise auch das Reputationssystem und sammelt die Bewertungen in einer zentralen Datenbank.

Dezentrale Systeme zeichnen sich dadurch aus, dass für das Reputationssystem kein zentraler Betreiber benötigt wird. Derartige Systeme können im Kontext digitaler Signaturen zum Aufbau eines sogenannten *Web of Trust* eingesetzt werden, wie dies bei der Sicherheitsanwendung Pretty Good Privacy (PGP) der Fall ist. Hier bewerten die Teilnehmer wechselseitig die Vertrauenswürdigkeit ihrer digitalen Zertifikate und können damit eine Public-Key-Infrastruktur ohne zentrale Zertifizierungsstellen aufbauen. Ähnliche Strukturen werden auch zur

Bewertung der Vertrauenswürdigkeit von Mitgliedern in dezentralen Peer-to-Peer-Netzwerken verwendet.

7.4. Ökonomische Aspekte

Die ökonomischen Effekte von Reputationssystemen wurden in verschiedenen Studien untersucht. Im Mittelpunkt vieler Arbeiten stehen Elektronische Marktplätze. Resnick und Zeckhauser (Resnick u. Zeckhauser 2006) beschreiben hierzu ein Experiment, in dem ein etablierter Anbieter bei eBay seine Produkte auch unter anderen Identitäten ohne Reputation offerierte. Hier wurde für die Identität mit Reputation ein erhöhter Verkaufserfolg und eine Reputationsprämie in Höhe von 8,1% des Verkaufspreises festgestellt. Ockenfels (Ockenfels 2003) ermittelt in einer Untersuchung zu der Marktplattform half.com bei neuen Anbietern ohne Reputation einen Preisabschlag von 2,1%. Auch die Ergebnisse anderer Arbeiten deuten darauf hin, dass die positive Reputation eines Anbieters sowohl die Verkaufswahrscheinlichkeit als auch den Verkaufspreis seiner Produkte erhöht.

Wert der Reputation

Die Ergebnisse zeigen, dass eine positive Reputation einen ökonomischen Wert besitzt und damit einen Anreiz zu vertrauenswürdigem Verhalten bietet. Ob der Einsatz eines Reputationssystems tatsächlich die Zahl der Betrugsfälle reduziert, ist demgegenüber offen. Einige Autoren werten den hohen Anteil positiver Bewertungen bei eBay von ungefähr 99% als Erfolg des dort eingesetzten Reputationssystems. Aufgrund fehlender und verfälschter Bewertungen ist jedoch fraglich, ob dieser Wert der tatsächlichen Quote erfolgreicher Transaktionen entspricht.

Der mit einer positiven Reputation verbundene ökonomische Wert kann auch dem Betreiber einer Plattform strategische Vorteile bieten. Da die Bewertungen eines Nutzers üblicherweise an die Plattform gebunden sind, geht eine bereits aufgebaute Reputation mit dem Wechsel zu einer anderen Plattform verloren und muss dort neu aufgebaut werden. Damit entstehen für den Teilnehmer Wechselkosten. Dieser Lock-In Effekt bindet den Teilnehmer an eine Plattform und bildet eine Markteintrittsbarriere gegenüber Konkurrenten. Die Betreiber bekannter Plattformen haben den strategischen Wert

Lock-In Effekt

ihres Reputationssystems erkannt. So ermöglichte der Amazon Marketplace neuen Teilnehmern zeitweilig einen Reputationsimport vom Konkurrenten eBay. Dies wurde jedoch von eBay mit dem Argument unterbunden, dass die Bewertungen Eigentum des Plattformbetreibers sind.

7.5. Probleme und Lösungsansätze

In der praktischen Anwendung von Reputationssystemen zeigen sich verschiedene Probleme, die deren Wirksamkeit erheblich beeinträchtigen können. Im Mittelpunkt steht meist der ökonomische Wert einer guten Reputation, der einen Anreiz für strategisches Verhalten und gezielte Manipulationen bietet.

7.5.1. Fehlende Bewertungen

Bei vielen Reputationssystemen ist die Abgabe von Bewertungen nicht zwingend vorgeschrieben. Untersuchungen zur Auktionsplattform eBay zeigen, dass die Nutzer nur in ungefähr der Hälfte aller Transaktionen eine Bewertung vornehmen (Resnick u. Zeckhauser 2002). Die Bewertungsprofile der Teilnehmer sind damit oft unvollständig und nur begrenzt aussagekräftig.

Trittbrettfahrer-Problem

Ein Grund dafür ist die *Trittbrettfahrer-Problematik*, die darin besteht, dass ein Teilnehmer zwar von den Bewertungen anderer Teilnehmer profitiert, nicht jedoch von der Abgabe eigener Bewertungen. Aufgrund des fehlenden Anreizes verzichten einige Teilnehmer auf die Abgabe einer Bewertung. Einen Lösungsansatz kann hier sowohl die Belohnung der Bewertungsabgabe als auch die Sanktion fehlender Bewertungen bieten.

Rachebewertungen

Bei wechselseitigen Bewertungen zweier Teilnehmer kann auch die Drohung mit *Rachebewertungen* zu fehlenden Bewertungen führen. Zumeist haben die Teilnehmer die Möglichkeit, die Abgabe der eigenen Bewertung so lange zu verzögern, bis der Transaktionspartner seine Bewertung abgegeben hat. Eine einfache Drohstrategie besteht darin, bei Erhalt einer negativen Bewertung eine Rachebewertung vorzunehmen. Die Konsequenz dieses Drohspiels ist, dass der bedrohte Teilnehmer die Rachebewertung antizipiert und auf die Abgabe einer wahrheitsgemäßen, negativen Bewertung verzichtet. Auf diese Weise kann der betrügerische Teilnehmer die Sanktionierungsfunktion des Reputationssystems umgehen. Der geringe Anteil negativer (0,6%) und neutraler (0,3%) Bewertungen bei eBay (Resnick u. Zeckhauser 2002) könnte auf dieses Phänomen zurückzuführen sein. Die einfache Drohstrategie lässt sich durch eine verdeckte Bewertungsabgabe verhindern. Die Veröffentlichung erfolgt hierbei erst dann, wenn entweder beide Bewertungen vorliegen oder ein Zeitlimit überschritten wurde, nach dem keine Bewertungsabgabe mehr möglich ist.

7.5.2. Verhaltensänderungen

Ein weiteres Problem ist die mangelnde Aussagekraft der Reputation im Hinblick auf das zukünftige Verhalten eines Teilnehmers. Da Reputationssysteme nur Informationen über das bisherige Verhalten der Teilnehmer liefern, schließt dies eine mögliche Verhaltensänderung in der Zukunft nicht aus.

Ein Manipulationsansatz in diesem Zusammenhang ist die *Rest on the Laurels* Strategie, in der ein Teilnehmer zunächst eine gute Reputation aufbaut, um dann deren Wert durch eine betrügerische Transaktion abzuschöpfen. Analog dazu besteht auch das Problem, dass Teilnehmer aufgrund ihrer negativen Reputation selbst dann noch gemieden werden, wenn sie bereit sind, ihr bisheriges Verhalten zu ändern. Ein potentiell vertrauenswürdiger Teilnehmer bleibt damit trotz seiner späten Einsicht dauerhaft von der Nutzung der Plattform ausgeschlossen.

Rest on the Laurels

Ein Lösungsansatz besteht darin, das aktuelle Verhalten stärker in die Berechnung der Reputation einzubeziehen, also aktuelle Bewertungen stärker als ältere Bewertungen zu gewichten. Eine aktuelle negative Bewertung reduziert die Reputation dann stärker und kann den Betrug damit unprofitabel machen. Gleichzeitig werden die Einzelbewertungen im Laufe der Zeit quasi kontinuierlich vergessen, sodass auch Teilnehmer mit später Einsicht nach entsprechender Wartezeit erneut Zugang zum Plattformgeschehen erhalten.

7.5.3. Verfälschte Bewertungen

Subjektive Bewertungen

In Reputationssystemen mit Peer Rating können die einzelnen Bewertungen stark von subjektiven, zwischen den verschiedenen Teilnehmern differierenden Maßstäben geprägt sein. Während vielleicht eine Lieferzeit von zwei Wochen für einen bei eBay erworbenen Artikel aus Sicht eines Teilnehmers akzeptabel ist, könnte dies bei einem anderen Käufer zu einer negativen Bewertung führen.

Die Objektivität der Einzelbewertungen lässt sich durch detaillierte, in vorgegebene Teilaspekte untergliederte Bewertungsrichtlinien fördern. Ein anderer Ansatz ist, die Korrektheit einer Bewertung wiederum von anderen Teilnehmern bewerten zu lassen. Eine weitere Möglichkeit bietet die Gewichtung jeder Bewertung mit der Erfahrung des Bewertenden, wobei unterstellt wird, dass erfahrene Teilnehmer öfter objektive Bewertungen abgeben.

Gezielte Bewertungen

Manipulationen sind auch durch die gezielte Abgabe falscher Bewertungen möglich. Beim *Ballot Stuffing* werden in Scheintransaktionen mit anderen Teilnehmern positive Bewertungen gesammelt. Dies kann als Vorbereitung eines Rest on the Laurels Angriffs oder zum Ausgleich negativer Bewertungen dienen. Eine andere Form besteht darin, einen Konkurrenten mit negativen Bewertungen zu denunzieren (*Bad Mouthing*) und damit im Wettbewerb zu benachteiligen.

Diese Manipulationsmöglichkeiten lassen sich reduzieren, indem der Einfluss eines einzelnen Teilnehmers auf die Reputation eines anderen Teilnehmers begrenzt wird. So kann etwa beim Vorliegen mehrerer Bewertungen seitens eines Teilnehmers nur dessen jeweils neueste Bewertung in der Berechnung der Reputation berücksichtigt werden.

7.5.4. Identitätsmissbrauch

Sybil Attack

In der Praxis besteht bei vielen Plattformen die Möglichkeit, dass sich ein Teilnehmer ohne großen Aufwand unter einer gefälschten Identität anmeldet und agiert. Durch die wiederholte Anmeldung mit gefälschten Identitäten ist es möglich, verschiedene Phantom-Identitäten zu erlangen. Damit ist ein einzelner Teilnehmer in der Lage, das Reputationssystem durch einen Ballot Stuffing oder einen Bad Mouthing Angriff zu manipulieren. Derartige Manipulationen anhand mehrerer Phantom-Identitäten werden als *Sybil Attack* bezeichnet.

Eine ähnliche Manipulation beruht darauf, dass auch ein Wechsel der Identität einfach möglich ist. Beim Whitewashing nimmt ein Teilnehmer einen Identitätswechsel vor, um damit seine schlechte Reputation abzulegen und sich den negativen Folgen seines Handelns zu entziehen.

Whitewashing

Diese Formen des Identitätsmissbrauchs lassen sich verhindern, indem bei der Anmeldung eine starke Authentifizierung durchgeführt wird, die personengebundene Merkmale wie die Personalausweisnummer prüft und gefälschte Identitäten grundsätzlich ausschließt. Aufgrund des hohen technischen und administrativen Aufwandes ist dies in der Praxis jedoch derzeit nur wenig verbreitet. Ein anderer Lösungsansatz besteht darin, die Anmeldung mit Kosten zu verbinden, um damit den Identitätsmissbrauch unprofitabel zu machen. Die Kosten können beispielsweise in Form einer Anmeldegebühr erhoben werden.

7.5.5. Diskussion

Im Internet bestehen oft Unsicherheiten bezüglich der Vertrauenswürdigkeit eines Teilnehmers und der Qualität einer Sache. Reputationssysteme bieten ein kollektives Lösungskonzept, in dem die Einzelbewertungen vieler Teilnehmer zu einem Reputationswert aggregiert werden. Auf Elektronischen Marktplätzen dienen Reputationssysteme dazu, das für eine Transaktion notwendige Vertrauen zwischen potentiellen Vertragspartnern herzustellen.

Die duale Funktionsweise aus Signalisierung und Sanktionierung kann Anreize zu vertragskonformem Verhalten erzeugen, falls

- die Teilnehmer dem Reputationssystem vertrauen,
- die Teilnehmer eine längerfristige Partizipation planen,
- eine gute Reputation profitabel ist und
- das Reputationssystem korrekt funktioniert und nicht manipulierbar ist.

Der letzte Punkt stellt eine wesentliche Herausforderung an die Konzeption und den erfolgreichen Einsatz von Reputationssystemen dar. So hat sich die Robustheit von Reputationssystemen als eigenes Forschungsgebiet etabliert. Auch in der Praxis ist zu beobachten, dass die eingesetzten Reputationssysteme bekannter Plattformen wie eBay kontinuierlich Veränderungen und Verbesserungen erfahren.

7.6. Übungsaufgaben

1. Nennen Sie weitere Anwendungsbeispiele für Reputationssysteme im Internet.

2. Wie verändert sich die Moral Hazard Problematik auf Elektronischen Marktplätzen, falls die Bezahlung per Rechnung statt per Vorkasse erfolgt? Welche Rolle könnte eine Trusted Third Party in der Abwicklung übernehmen?

3. Diskutieren Sie, ob die Moral Hazard Problematik auch auf geschlossenen Marktplätzen auftritt.

4. Reputationssysteme werden auch zur Produktbewertung eingesetzt. Wie kann hier das Betrugskalkül aussehen? Welche Maßnahmen setzt der Marktplatz Amazon gegen Manipulationen ein?

5. Ein risikoneutraler Nachfrager möchte ein Produkt auf einem Markt mit einem Anteil von $q < 1$ betrügerischen Anbietern erwerben. Das Produkt wird von allen Anbietern zum Preis von 8 € angeboten, die Zahlungsbereitschaft beträgt 10 €. Ab welchem Anteil q entscheidet er sich gegen den Kauf?

6. Ein rationaler Anbieter erwägt einen Vertragsbruch. Dem einmaligen Betrugsgewinn von 10 € steht ein Verlust von 5 € in allen Folgeperioden entgegen.

    a. Ist der Vertragsbruch bei einem Diskontfaktor von $\delta = 0{,}6$ pro Periode profitabel?

    b. Welche Manipulationen kann der Anbieter ergreifen, um seinen Vertragsbruch profitabler zu gestalten?

    c. Der Anbieter plant den Vertragsbruch in Verbindung mit einer Whitewashing-Strategie. Bis zu welcher Anmeldegebühr ist dies profitabel?

7. Welches Problem ergibt sich für das Reputationskonzept, falls ein Anbieter zu einem festen Zeitpunkt den Markt verlassen wird?

8. Welche Vorteile bieten Reputationssysteme dem Betreiber einer Internetplattform?

9. Welche Maßnahmen können gegen Rest on the Laurels und Whitewashing Manipulationen ergriffen werden?

10. Recherchieren Sie, mit welchen Maßnahmen das Reputationssystem der Auktionsplattform eBay vor Missbrauch geschützt wird. In welchen Bereichen sehen Sie Sicherheitslücken?

Literaturverzeichnis

Akerlof GA (1970) The market for "Lemons": quality uncertainty and the market mechanism. Q J Econ 84(3):488–500

Anderson C (2004) The long tail. Wired 10:170–177

Baumol WJ, Panzar JC, Willig RD (1982) Contestable markets and the theory of industry structure. Harcourt College Pub, New York

Brin S, Page L (1998) The anatomy of a large-scale hypertextual web search engine. Comp Netw ISDN Syst 30:107–117

Brynjolfsson E, Hu YJ, Smith MD (2006) From niches to riches: the anatomy of the long tail. Sloan Manag Rev 47(4):67–71

Chatterjee K, Samuelson W (1983) Bargaining under incomplete information. Oper Res 31:835–851

Che Y-K (1993) Design competition through multidimensional auctions. RAND J Econ 24(4):668–680

Coase RH (1960) The problem of social cost. J Law Econ 3:1–44

Coase RH (1972) Durability and monopoly. J Law Econ 15(1):143–149

Domowitz I (1993) Automating the continuous double auction in practice: automated trade execution systems in financial markets. In: Friedman D, Rust J (Hrsg) The double auction market—institutions, theories, and evidence. Proceedings of the workshop on double auction markets, Massachusetts, pp 27–60

Glöggler M (2003) Suchmaschinen im Internet. Springer, Berlin

Hotelling H (1929) Stability in competition. Econ J 39(153): 41–57

ISC (2010) Internet Systems Consortium, https://www.isc.org/solutions/survey/history

Klemperer P (1999) Auction theory: a guide to the literature. J Econ Surv 13(3):227–286

Leininger W, Linhart PB, Radner R (1989) Equilibria of the sealed bid mechanism for bargaining with incomplete information. J Econ Theory 48:63–106

McAfee RP, McMillan J (1987) Auctions and bidding. J Econ Lit 25(2):699–738

McAfee RP, McMillan J (1989) Government procurement and international trade. J Int Econ 26:291–308

McMillan J, Rothschild M (1994): Search. In: Aumann RJ, Hart S (Hrsg) Handbook of game theory 2. Elsevier Science, Amsterdam, pp 906–912

Milgrom P, Weber RJ (1982) A theory of auctions and competitive bidding. Econometrica 50:1089–1122

Myerson RB, Satterthwaite MA (1983) Efficient mechanisms for bilateral trade. J Econ Theory 29:265–281

Ockenfels A (2003) Reputationsmechanismen auf Internet-Marktplatzformen. Z Betriebswirtschaft 73(3):295–315

Peters R (1997) The stability of networks: an evolutionary approach to standardization. EURAS Yearb Stand 1:347–356

Peters R (2002) Elektronische Märkte – Spieltheoretische Konzeption und agentenorientierte Realisierung. Springer/Physika Verlag, Heidelberg

Peters R, Reitzenstein I (2008) Robuste Reputationssysteme auf Elektronischen Märkten, Multikonferenz Wirtschaftsinformatik (MKWI), 2008

Reed DP (2010) That sneaky exponential—beyond Metcalfe's law to the power of community building http://www.reed.com/dpr/locus/gfn/reedslaw.html

Resnick P, Zeckhauser R (2002) Trust among strangers in internet transactions: empirical analysis of eBay's reputation system. In: Baye MR (Hrsg) The economics of the internet and E-commerce 11. Elsevier Science, Amsterdam, pp 127–158

Resnick P, Zeckhauser R, Swanson J, Lockwood K (2006) The value of reputation on eBay: a controlled experiment. Exp Econ 9(2):79–101

Roth AE, Ockenfels A (2002) Last-minute bidding and the rules for ending second-price auctions: evidence from eBay and amazon auctions on the internet. Am Econ Rev 92(4):1093–1103

Rustichini A, Satterthwaite MA, Williams SR (1994) Convergence to efficiency in a simple market with incomplete information. Econometrica 62:1041–1063

Smith CW (1990) Auctions—the social construction of value. University of California Press, Berkeley

Thiel SE (1988) Multidimensional auctions. Econ Lett 28:37–40

Tirole J (2003) The theory of industrial organization, 14. Aufl. The MIT Press, Cambridge

Vickrey W (1961) Counterspeculation, auctions, and competitive sealed tenders. J Finance 16:9–37

Weber RJ (1983) Multiple-object auctions. In: Engelbrecht-Wiggans R, Shubik M, Stark RM (Hrsg) Auctions, bidding and contracting: uses and theory. New York University, New York, pp 165–191

Wilson R (1985a) Incentive efficiency of double auctions. Econometrica 53:1101–1115

Wilson R (1985b) Reputation in games and markets. In: Roth AE (Hrsg) Game-theoretic models of bargaining. Cambridge University Press, Cambridge, pp 27–62

Wilson R(1992) Strategic analysis of auctions. In: Aumann RJ, Hart S (Hrsg) Handbook of game theory 1. Elsevier Science, Amsterdam, pp 227–279

Sachregister

A
Absatzverlust 29, 45, 46
Allmende Problem 55, 56, 58
Änderbarkeit 3, 4, 6, 121
Angebotsfunktion 13, 14
Anonymität 63, 65, 66, 69, 72, 73, 76–79, 165
Anreizkompatibilität 64, 69, 73
Apple iTunes 26–28, 30, 33
Application Service Providing 7
Arbitrage-Problem 67, 68, 74
Audio on Demand 31
Audio Streaming 30
Auktionen 127, 128, 130, 135, 137–143, 145–149, 153–155, 157–159, 161
Auktionsplattformen 127, 128, 132, 137, 141–143, 154, 155, 158, 159, 161, 172, 178
Autarkiewert 35, 39, 43, 44, 60
Automatisierung 3, 88, 90, 100, 127, 154, 155, 159

B
Bad Mouthing 174
Ballot Stuffing 174
BargainFinder 109
Bayes-Nash Gleichgewicht 134, 138
Benchmark Model 135–138, 146, 147
Bertrand Modell 16, 108, 111, 118

Bertrand Paradox 107–109
Bertrand Wettbewerb 106, 109, 111, 112, 118
Betrugskalkül 166, 167, 177
Bietagenten 154, 155, 157–159, 162
Bieterkartelle 139, 141
Bietgruppen-Agenten 155, 156, 159
Bilaterale Kommunikation 40
Blinde Suche 82
Blindtexte 99
Broadcast Anwendungen 40–43
Browser War 53
Bundesdatenschutzgesetz 77

C
Checker 93
Clearing House 150
Click Popularity 96
Click Stream 67, 68, 75
Client-Server-Architektur 36
Cloaking 99
Coase Conjecture 20–23
Coase Theorem 56, 57
Common Knowledge 136
Common Value Modell 136, 137
Contestable Markets 16
Continuous Double Auction 152
Crawl Strategie 93

Sachregister

D

Datenschutz 11, 66, 76, 77, 80, 95
Deadweight Loss 16, 65, 66
Digital Rights Management 25–27, 30, 33, 68
Digitale Bücher 3
Digitale Dienstleistungen 3, 6, 17
Digitale Güter 1, 3, 4, 17, 121–123
Digitale Waren 2, 4–6, 12, 18
Digitalisierung 1, 2, 6, 7, 12, 14, 15, 23, 30, 32, 114
Directory Mozilla 90, 101
Diskontfaktor 19, 20, 86, 87, 113, 114, 125, 166, 167, 177
Dominante Strategien 112, 132–134, 142, 147, 152
Doorway Pages 99
Doppelte Auktionen 149
Dotcom-Blase IX
Durable Good 5
Durchschnittskosten 12–16

E

Einfache Auktionen 128, 135, 145
Englische Auktion 130, 131, 133, 138, 144, 155, 158
Erfahrungsgüter 6
Experten Rating 168

F

FairPlay 26–28
Feste Bündel 72
Filesharing 24
First Copy Costs 3
First Mover Advantage 50, 52
Fixkosten 3, 4, 6, 12, 15, 17, 89, 90, 106, 107, 111, 112
Free Riding 54, 55, 61

G

Gatherer 93
Gefangenendilemma 112
Gesamtkursermittlung 150, 162

Globalisierungsmöglichkeiten 4
Grenzkosten 12, 75

H

Holländische Auktion 130, 131, 134, 135, 144
Hotelling Gesetz 120
Hotelling Modell 116–121, 123
HTTP-Cookies 67, 78
Hyperlinks 92, 93, 96

I

Ideales digitales Gut 6, 17, 28, 60, 65, 73
Independent Private Value Modell 136
Index Lag 89
Indizierung 89–92, 100, 101
Information Overflow 87
Information Retrieval System 92, 93
Informationelle Selbstbestimmung 76, 95
Informationshandel 139, 142–144
Informations-Problem 67
Installed Base 50, 53
Internalisierung 56, 58
Internet Service Provider 70
Intertemporale Preisdifferenzierung 45
Invertierter Index 93

K

Kapazitätsrestriktionen 3, 4, 106, 108
Kartellbruch 111, 112, 114, 141
Keyword Advertising 100, 128
Keyword Stuffing 99
Klassische Auktionsformen 130, 131
Kollaboration 88–90
Kompatibilität 35, 46–50, 52, 53, 61
Konsumentenrente 16, 29, 63–66, 71–76, 79

Sachregister

Kontraktoptimierung 145, 147, 148, 153, 154
Kopierbarkeit 23, 25, 27–30, 33, 45, 46
Kopierbarkeitsmehrwert 29, 45
Kostenfunktion 6, 12–16, 75, 161
Kostenstruktur 4, 12, 14, 63, 89, 106

L
Lemons Market 165
Link Farms 99
Link Popularity 98
Loader 93
Lock-In Effekt 50, 121, 171
Long Tail 116, 122, 123, 126, 128

M
Markteintrittsbarrieren 16, 48–50, 52, 111, 171
Marktgleichgewicht 13–15, 32, 117, 118
Mass Customization 4, 116, 120–123, 126
Medianwähler Theorem 119
Mehrfache Transaktionen 145, 146
Meta-Suchmaschinen 91, 101, 102
Metcalfe's Law 40, 41
Monopolbildung 12, 15, 46
Monopolist 15–19, 21, 22, 28, 29, 33, 43–45, 48, 49, 60, 61, 63–75, 79, 107, 110, 111, 115
Monopolpreis 71, 73, 79
Moral Hazard 164, 165, 177
Multidimensionale Auktionen 153
Multidimensionale Bietagenten 156

N
Nachfragefunktion 13–15, 18, 32, 65, 71, 74, 75, 117
Natürliche Monopole 15, 89, 106
Netzwerkeffekte 16, 35, 36, 43, 46–49, 54, 63, 159
Netzwerkexternalitäten 54–56, 58, 60
Netzwerkgüter 35, 36, 43–47, 54–56, 60
Netzwert 39–43, 55

O
Offene Standards 52
Onlineshops 7, 63, 67–69, 91, 105, 109, 115, 120, 121, 124, 125, 169
Open Directory Project 100
Open Outcry Auction 152
Optimal Stopping Rule 84–86, 103
Optimale Auktionen 135

P
Page Rank Verfahren 96–98, 104, 169
Payed Placement 100
Peer Rating 168, 174
Peer-to-Peer-Netzwerke 37, 171
Penetrationsstrategie 45, 50
Perfekte Preisdifferenzierung 64, 65, 67, 75
Phantomgebote 139, 143, 144, 155
Portable Document Format 39, 53
Präferenzoffenbarung 133, 134, 147, 152
Preisabsprachen 110–114, 125
Preisdifferenzierung 17, 63–70, 72–76, 79, 80, 116, 121

Preisdumping 4
Preisführerschaft 109
Preiskampf 105, 107, 110–113, 115, 118, 121
Preissetzung 17, 43, 44, 64, 68, 74, 75, 111
Preissuchmaschinen 91, 105, 107–109, 115
Preisüberwachung 115
Pretty Good Privacy 170
Produktdifferenzierung 70, 74, 109, 110, 115, 116, 118, 120–123, 125
Proprietäre Standards 53

Q
Query Processor 94, 95

R
Rachebewertungen 172
Rank Source 96, 98, 104
Ranking 95, 98, 103, 104
Raubkopien 5, 23–25, 45, 46, 60
Reaktionsfunktionen 97, 106, 117, 118
Reed's Law 40, 41
Reproduzierbarkeit 3, 5, 6, 23
Reputationsfunktion 169
Reputationssysteme 163, 165, 167, 170, 173, 175–178
Request for Comments 52
Rest on the Laurels 173, 174, 178
Revenue Equivalence Theorem 137, 138, 146, 147
Richness versus Reach 105
Robot System 92, 93, 99

S
Sanktionierungsfunktion 166, 173
Sarnoff's Law 40, 41
Search Engine Optimization 98

Search Engine Spamming 99, 100
Segmentierung 64, 74, 75, 79
Selbstdatenschutz 77, 80
Selbstselektion 64, 68, 69, 79
Sequential Auctions 146
Service Level Agreement 8, 10
Shadow of the Future 166
Signalisierungsfunktion 166
Simultaneous Auctions 146
Skimming 19, 20, 70
Sniping 131, 132, 154, 158, 161
Software as a Service 7
Software on Demand 8, 10, 11, 17, 22, 32
Spamming 54, 98
Standardisierung 10, 52
Stationarität 85, 86
Statische Suchstrategie 83
Subadditive Kostenfunktion 15
Subventionsstrategie 51
Suchgüter 5
Suchkosten 81–83, 86, 88, 100, 105
Suchmaschinen 78, 90–95, 98–102, 128
Suchprozesse 86, 88, 122
Switching Costs 50
Sybil Attack 174, 175
Synchronisationswert 35, 39, 54, 60

T
Tauschbörsen 24, 28, 30
Term-Frequency Wert 95
Transaktionskosten 57, 58, 67, 68, 127, 145
Transaktionskosten-Problem 67
Trigger-Strategie 113, 125, 141
Trittbrettfahrer-Problematik 172
Trusted Third Party 142, 143, 177
Two-Part Tariff 70–73, 79

U

Überlastung 35, 43, 45, 55, 56
Uninformierte Suche 82
Uno-Actu-Prinzip 1, 2, 4
URL-Datenbank 93
Utility Computing 11

V

Variable Kosten 4, 15, 16, 89
Variable Stückkosten 6, 12, 32, 44, 56, 65, 70, 76, 106–108, 116, 117, 126
Verdeckte Erstpreisauktion 130, 131, 135, 144
Verschleißfreiheit 3, 6, 17, 18, 69
Vertrauensgüter 6
Vertrauensspiel 164, 166
Vickrey Auktion 130, 133, 135, 138, 142–144, 147, 152, 158
Video on Demand 21, 30
Video Streaming 30
Virtuelle Gemeinschaften 40
Volkszählungsurteil 76, 77
Vollständige Konkurrenz 12
Volltextindizierung 93

W

Web Crawler 93
Web Directory 100
Web of Trust 170
Webkataloge 88–91, 100, 102
Wechselkosten 50, 51, 171
Wiederverwendung 88, 90
Winners Curse 136, 161
Wohlfahrtsverlust 16, 56, 65

Z

Zerlegung 88–92

The manufacturer's authorised representative in the EU is Springer Nature Customer Service Centre GmbH, Europaplatz 3, 69115 Heidelberg, Germany. If you have any concerns regarding our products, please contact ProductSafety@springernature.com

Printed and bound by CPI Group (UK) Ltd, Croydon, CR0 4YY
23/03/2026
02076680-0006